Herstellung: Books on Demand GmbH

ISBN 3-00-007641-7

UNSER NEUFUNDLÄNDER-RASSEHUND

Hinweise zu Kauf, Haltung,
Pflege, Erziehung und Zucht

von Walter Prost

Inhaltsverzeichnis

NEUFUNDLAND	**1**
VERMUTUNGEN ÜBER DIE HERKUNFT DES NEUFUNLÄNDER-HUNDES	**9**
DIE ZUCHT-STANDARDS: NEUFUNDLÄNDER UND LANDSEER	**21**
STANDARD DES NEWFOUNDLAND CLUB OF AMERICA	21
STANDARD NR. 50 DER FCI	26
DER LANDSEER-STANDARD 1992	31
DER NEUFUNDLÄNDER UND DER LANDSEER IM VERGLEICH	35
DAS WESEN DES NEUFUNDLÄNDERS	**38**
DIE ZUCHT DES NEUFUNDLÄNDERS	**43**
DIE HITZE	**46**
DIE TRÄCHTIGKEIT	**49**
DER WURF	**50**
DIE AUFZUCHT	**57**
DER WELPE UND SEINE NEUE FAMILIE	**61**
ERWACHSENWERDEN DES HUNDES UND ERZIEHUNG	**71**
DER NEUFUNDLÄNDER AUF DER HUNDEAUSSTELLUNG	**89**
DER ALTERNDE HUND	**105**
VEREINE UND VERBÄNDE	**108**

Über den Verfasser

Walter Prost absolvierte eine Ausbildung zum „Kleintier-Züchter" an der landwirtschaftlichen Hochschule in Celle in der Zeit von 1968 bis 1971. Er erhielt 1971 eine Auszeichnung der Landwirtschaftskammer für „Besondere Leistungen in der Kleintier-Zucht". Neufundländer züchtet er seit 1980. Im Jahre 1994 wurde er wegen seiner jahrelangen Erfahrung in der Hunde-Psychologie und -Ausbildung zum Zucht-Verantwortlichen des Neufundländer-Clubs für Europa gewählt.

Foto des Verfassers

Vorwort

Liebe Neufundländer-Freunde,

dieses Buch soll allen Interessenten unserer Rasse Informationen über Herkunft, Haltung, Zucht und Pflege des Neufundländer-Hundes vermitteln.

Das Werk erhebt keinen Anspruch auf Vollständigkeit. Viele zusammengetragene Beiträge und Meinungen aus den Anfängen der Zucht in Deutschland sind sicherlich für den Leser ebenso interessant wie meine in 30 Jahren in der Tierzucht gemachten Erfahrungen.Siebzehn Jahre Neufundländer-Zucht sind Siebzehn Jahre, in denen man eine Rasse bei genauer Beobachtung sehr genau kennenlernt.

Sehr viele Beiträge über die nähere Beschäftigung mit dem Zuchtgeschehen, die zum Ende des 19. Jahrhunderts mit der Führung erster Zuchtbücher beginnt und bis in die heutige Zeit verstärkt betrieben wird, erscheinen mir so wichtig für alle Besitzer, Züchter und Interessenten von Neufundländern, daß ich diese dem Leser nicht vorenthalten möchte. Die edle Rasse des Neufundländers ist es wert, daß mit allen Mitteln dafür gesorgt wird, daß uns diese wunderschöne Rasse gesund erhalten bleibt. Liebhaber und Züchter der Rasse sollten sich zusammenschließen, um eine gewissenlose Vermarktung durch Hundehändler und verantwortungslose Züchter zu verhindern. Der Mensch zerstört in seiner Gier nach Geld und Prestige viele liebenswerte Dinge. Auch die Gesundheit und der Charakter unserer schönen Neufundländer ist in großer Gefahr. Denken wir immer daran! Die Liebe und Treue und das Verständnis, das unser Neufundländer uns entgegenbringt, ist größer als alles, was wir sonst noch erwarten können. Um Gesundheit und Rassestandard des Neufundländers zu erhalten, ist es unerläßlich, daß Züchter und Verbände näher zusammenrücken, um den Neufundländer davor zu bewahren, den Weg vieler Rassen vor ihm zu gehen. Jeder, der vorgibt, den Neufundländer zu lieben, sollte mit allen Mitteln versuchen, ihn so zu erhalten, wie dieser Hund im Jahre 1997, da ich dieses Buch schreibe, noch ist.

Walter Prost

Neufundland

Die Neufundland-Inseln sind dem nördlichsten Vorsprung von Nordamerika vorgelagert und bilden eine Art von Verschluß der gewaltigen Estuariumserweiterung[1] des Laurenzostromes gegen den Atlantischen Ozean. Sie sind eigentlich die von Nordamerika abgebröckelte Ostecke. Die Hauptinsel bildet ein zerfetztes gleichseitiges Dreieck von zirka 540 km Länge pro Seite und zirka 120.000 km² Fläche (= dreimal Schweiz). Die nordöstliche Küste ist im Ganzen die Fortsetzung der Labrador-Küste. Der Nordzipfel der Insel ist vom Ostkap von Labrador nur durch die Meerstraße von Belle-Isle (30 km breit) getrennt, die alljährlich vereist. Die Nordwestküste wendet sich gegen den Laurenzogolf, die Süd- und die Nordostküste gegen den Atlantischen Ozean. Die beiden letzteren, besonders die Nordostküste, sind zerschnitten und zerhackt in Fjorde und Buchten mit Gräten, Nasen und Klippen dazwischen. Viele größere und viele Tausende von kleinen Außeninseln und Klippen umlagern die Hauptinsel. Das Ganze ist eingefaßt in einen Sockel von Seichtmeer, der gegen Südosten weit ausladend ist und als „Große Neufundlandsbank" auf zirka 120.000 km² von bloß 20 bis 100 Metern Meerestiefe den ungeheuerlichen sommerlichen Fischreichtum bietet. Sie ist Laichplatz der Tiefseefische.

---

[1] estuarium = (Anm. d. Verf.)

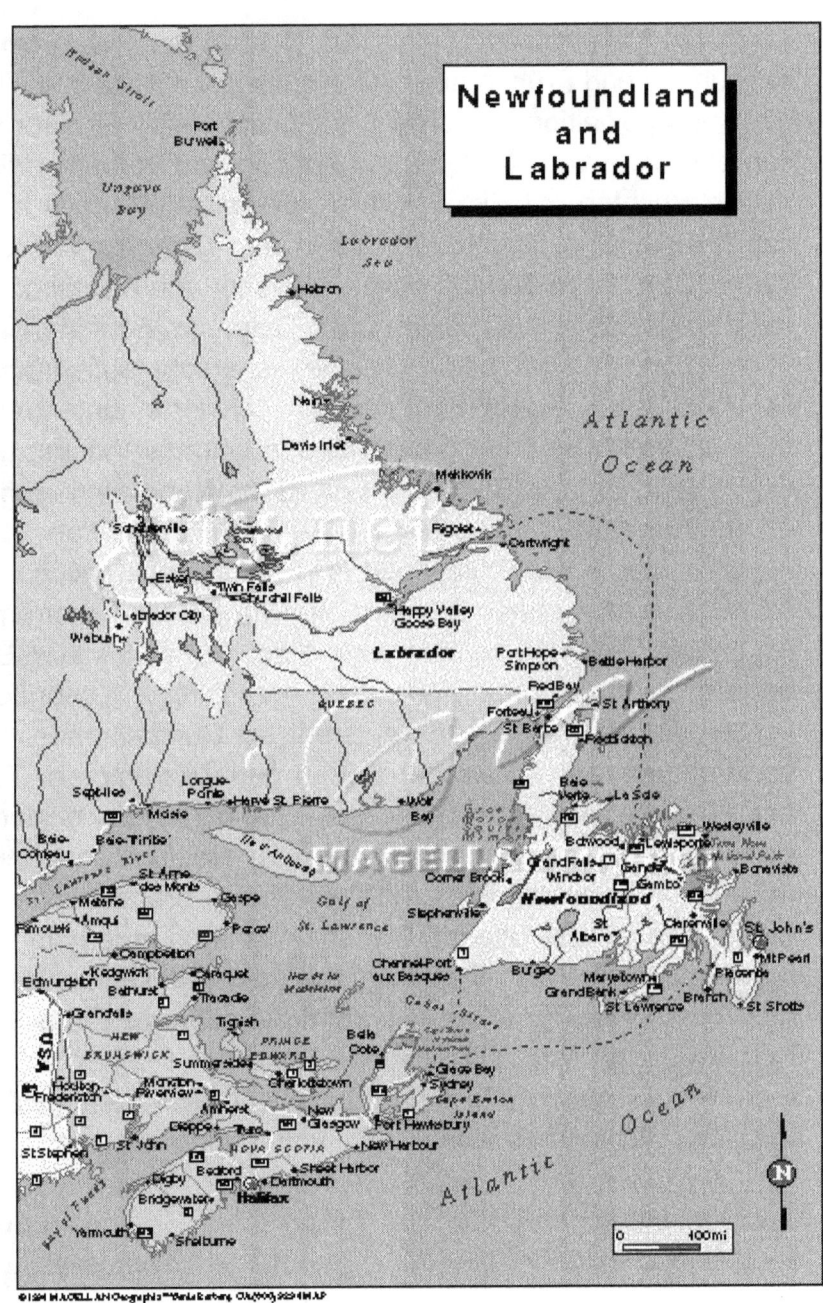

Durch die Davisstraße kommt aus Norden der **Polarstrom**. Im Frühling und Frühsommer ist er beladen mit Treibeis (Tafeleis und gewaltige Eisberge aus Gletschereis). Er zieht die Nordost-Küste von Neufundland entlang und verbarrikadiert oft alle Buchten mit Eis. Ein Arm des kalten Stromes biegt sich um die Südküste herum bis in den Laurenzogolf. Der warme **Golfstrom** verläuft etwas südlicher von Neufundland parallel zur Küste von Westen nach Osten. Im Südosten von Neufundland stoßen beide Ströme senkrecht aufeinander. Der Polarstrom, kälter und deshalb schwerer, unterkreuzt den Golfstrom. Sein Eis gerät dabei in warmes Wasser und warme feuchte Luft. So bilden sich **dicke Nebel** und verhüllen die Eisberge, die Klippen, die Küsten und das Land. Die Grenzen der beiden Meeresströme verschieben sich, die Winde sind oft nicht so ausgerichtet wie die Meeresströme. Die großen Eisberge können vom Wind oder vom kalten Unterstrom in eine andere Richtung geschleppt („gedriftet") werden als das Tafeleis. Es entsteht ein Durcheinander der Bewegungen, ein Zusammenstoßen und Zertrümmern. Das fast 20 Grad nördlicher gelegene Island hat ein milderes Klima als Neufundland. Am Rande der Neufundlandbank - bei siebzig bis achtzig Metern Wassertiefe - brechen sich die großen Wellen des offenen Ozeans, während innerhalb dieses großen schweren Wellensaumes die Wasserfläche weniger bewegt ist. Zu alledem kommt die schwere Ebbe- und Flutbewegung hinzu. Die Schiffahrt und das Fischen in diesem Meer ist durch alle diese Schwierigkeiten sehr gefährlich. Alljährlich gibt es eine Anzahl von Schiffbrüchigen.

Neufundland liegt unter der geographischen Breite von Süddeutschland, hat aber bloß fünf Grad mittlere Temperatur.

Das **Innere** von Neufundland war lange unbekannt. Seit 1897 wird es von einer Eisenbahn von St. Johns gegen West-Nord-Westen quer und dann bis an die Südwestecke (Cap Ray) durchfahren. Eine Anzahl südsüdwest-nordnordost-gerichteter Bergketten von 100 bis 400 km Länge und einigen hundert Metern Höhe durchziehen die Insel. Der höchste Gipfel erreicht 635 Meter. Zahllose, teils große, häufiger kleinere Seen, viele Torfmoore und schwammige Hochmoore erfüllen das Zwischenland, das sich in großen Stufen gliedert. Wilde, ungangbare Schluchten mit reißenden Wassern und zahlreichen Wasserfällen verbinden die Stufen. Eine entsetzliche Mückenplage erschwert die Begehung und die Besiedlung. Weite Strecken sind kahler Fels (Granit und laurentische und silurische Schiefer). Gletscherschlifflächen sind weit verbreitet. Buchen, Birken, Eichen, Nadelbäume und Sträucherdickichte - auch Beerengewächse - bekleiden viele Flächen. Landwirtschaftlich brauchbarer Boden ist sehr spärlich vorhanden; er wird auf nur $1/70$ der Landfläche geschätzt. Für Viehzucht ist fast kein Raum vorhanden.

Die Pflanzen- und Tierwelt ist ärmer als auf Labrador. Das kanadische Rentier (Caribous) wird von Menschen und Wölfen dezimiert. Hier und da bringt das Treibeis einen Bären und an den Küsten erscheint noch gelegentlich ein Walroß oder Seehund. Kaninchen sind ausgesetzt worden und haben sich verbreitet. Seevögel gibt es reichlich. Alca impennis ist ausgerottet.[2]

---

[2] alca impennis = (Anm. d. Verf.)

Auch hier ist der „Weiße" wiederum eingebrochen als der rücksichtslose, kurzsichtige, ungeheure Zerstörer. Walfisch und Seehund sind heute ausgerottet. 1888 - ein Jahr, über welches Zählungen vorliegen - hat das Jagdschiff Neptun 42.224 Seehundfelle nach Europa gebracht, und in ganz Neufundland sind in jener Zeit jährlich 200.000 bis 300.000 Seehunde erlegt worden. 1850 ist der letzte Walfisch getötet worden, Seehunde erscheinen nur noch vereinzelt. Der Hummerfang, 1874 begonnen, geht schon zurück. Aus Europa werden jährlich ½ bis 2 Millionen Liter Spirituosen, besonders Rum, importiert. Im Inneren von Neufundland fällt etwa 1½ Meter Niederschlag im Jahr. Im Winter fällt viel Schnee und kalte Nordwest-Stürme wehen. Die Wasser zwischen Insel und Festland gefrieren im Winter. Im Sommer schmilzt aller Schnee weg. Neufundland hat keine Schneeberge und keine Gletscher. Aber eine Besiedlung ist im Inneren kaum möglich. An den Küsten war fester Wohnsitz sogar zeitweise verboten, und Ansiedlungen sind absichtlich wieder niedergebrannt worden.

Neufundland war bevölkert von den Beothuk-Indianern oder „roten Indianern" - so genannt, weil sie sich rot färbten. Diese großen, schönen Menschen lebten im waldigen Inneren des Landes von Jagd und Fischerei. Sie bauten gute Kähne mit Kiel aus Birkenrinde. Ihre Waffen waren nur Bogen und Pfeil. Sie waren intelligent, gut gesinnt und den „Weißen" in hervorragender Art dienstbereit und behilflich beim Walfischfang. Als sie aber in dem ihnen selbstverständlichen idealen Kommunismus, zu dem gleichsam Nehmen und Geben gehört, hier und da von dem Eigentum der „Weißen" nahmen, glaubten sich diese berechtigt, die „Diebesbande" auszurotten. Dies geschah zum Teil durch die Einfuhr von feindlichen, kriegerischen Indianern, den Mic-Mac aus Cap Breton, zum Teil aber **durch Jagd**. Lebend Eingefangene wurden als Sklaven in englische Häfen verkauft. Fremde Kaufleute zahlten zwei Pence per Kopf. Die Menschenjagd wurde zum Vergnügen betrieben. Die Beothuks flüchteten nach Norden. 1819 gab es in Neufundland nur noch 37 Eingeborene. Dann schossen Pelzjäger eine ganze Familie zusammen. 1823 wurden die letzten zwei Beothuks von Jägern gefangengenommen. Die 1828 zum Schutze dieser Eingeborenen in St. Johns gegründete „Beothuk-Society" kam zu spät!

In ganz Neufundland ist die Bevölkerung jetzt sehr gemischt und besteht aus Engländern, Irländern, Franzosen, Basken, Portugiesen, Belgiern, Spaniern und wenigen Kanadiern, darunter Acadier und Mic-Mac-Indianer. Schon in den Jahren 1580 bis 1600 legten jährlich 350 bis 400 Schiffe in Neufundland an. Seit 1583 ist Neufundland eine Kolonie von England - die älteste! 1608 wurde die Stadt St. Johns nahe dem Ostkap gegründet. 1660 das französische Dorf Plaisance. 1694 wurde St. Johns von den Franzosen angegriffen und die Garnison nach England zurückgeschickt. Aber schon 1713 fiel durch den Vertrag von Utrecht fast alles wieder an England zurück. Wieder folgten Verbannungen und Exportationen. Nur wenige Außeninseln, Miquelon und St. Pierre, blieben seit 1816 in aller Form französische Kolonien.

Die beiden Inseln Miquelon waren noch im Jahre 1783 vollständig getrennt. Die von beiden Seiten gegeneinander treibenden Wellen haben zwischen den beiden Inseln immer mehr Sand- und Kiesbänke gehäuft, bis im Jahre 1829 der Verbindungswall - dauernd über das Wasser heraufragend - entstanden war. Schiffbrüche kamen hier häufig vor.

Seit 1848 bestehen für Neufundland Kabelverbindungen. Freilich gab es stets Interessenskonflikte zwischen Fischern verschiedener Nationen. Unglaubliche Intoleranzen konnten nur durch vertragliche Flickereien geschlichtet werden. In allen Hafenplätzen gibt es wenige fest Seßhafte. In den Fischereimonaten Juni, Juli und August staut sich eine drei- bis sechsmal größere vorübergehende Bevölkerung an. In ganz Neufundland zählte man 1800 eine feste Bevölkerung von zirka 20.000. Trotz aller Widrigkeiten hat sich dieselbe bis 1890 verzehnfacht.

Im Jahre 1888 sind 6.611 Meerschiffe mit 412.660 Tonnen Tragkraft (davon 360 Schiffe ab Frankreich nach St. Pierre) in den Häfen von Neufundland ein- und ausgefahren. Die Zeit, während welcher in unglaublichen Massen die Fische und ihre Begleiter die Inseln umgeben und auf der großen Bank weilen, beträgt alljährlich 120 bis 140 Tage, am Nordostkap von Labrador (Cap Chudleigt) nur noch 60 Tage. Trotzdem in dieser Zeit ungeheure Massen Fisch (über 150.000 Tonnen pro Jahr) erbeutet werden, hat die Ergiebigkeit dieser Meergründe und Küsten noch nicht abgenommen. „La morue reste l´âme de la Colonie". Neufundland ist der bedeutendste Fischereiplatz der Erde.

In diese sonderbare Landschaft von wilden, zerfetzten Felsenküsten, von Meeresbrandung, Wellen, Schnee und Eis, von Kampf mit Sturm und Nebel, in der auch die Menschen ganz der Arbeit am Wasser angepaßt sind, sind die Hunde einbezogen als rücksichtslos dem Egoismus des europäischen Menschen ausgelieferte Sklaven. Die eingeborene und die importierte Rasse mußte den Kampf mit dem Wasser aufnehmen. Zuerst wurde die Arbeit am Wasser vom Kampf um das Dasein oder vom herrschenden Menschen befohlen und aufgezwungen, dann allmählich mit Lust und Freude und endlich mit ererbter Leidenschaft betrieben. Der Hund ist dort fast zum Amphibium geworden.[3]

---

[3] zusammenfassende Literatur:
Elisée Rechus: Géographie universelle
Robert Peret: La Geographie de Terre-Neuve, Paris, 1913.

Vermutungen über die Herkunft des Neufunländer-Hundes

Der Ursprung des Neufundländers liegt weitgehend im dunkeln. Im Neufundländer-Stammbuch NSB Band II finden wir eine sehr gehaltvolle Studie von Herrn Dr. Paul Träger (Berlin-Zehlendorf) über den schwarz-weißen oder Landseer-Neufundländer, in der er zu dem Resultat kommt, daß große, weiße, langhaarige, neufundländergleiche Hunde mit schwarzem Kopf und einzelnen schwarzen Platten schon über ganz England verbreitet waren, lange, bevor man Hunde aus der Neufundland-Ansiedlung nach England brachte. Sie wurden damals nur als Fleischerhunde, Hofhunde oder Zughunde bezeichnet und noch nicht kynologisch gepflegt. Derartige gewöhnliche Hunde mögen etwa 1622 bis 1700 oft von den Fischern und Ansiedlern aus England nach Neufundland gebracht worden sein, während der vornehme Mastiff nicht auf die neblige Insel exportiert worden ist. Der alte weißschwarze, fleckige Fleischerhund verlor dort etwas an Größe, erlebte kleine Anpassungen und Abänderungen und erlernte die strenge Wasserarbeit. Aber er blieb doch größer als der schwarze Inselhund. Die Schiffe, welche in Neufundland anlegten, brachten schon seit etwa 1780 derartige große, schöne Hunde von dort nach England. Diese Hunde nannte man dann „Newfoundland-Dogs". 1796 dichtete Robert Burns von einem großen schwarzweißen Hund, geworfen in einem fernen Land, wo die Fischer den Kabeljau fangen. Bootswain, der Hund Lord Byron's, war im Jahr 1803 in Neufundland geboren. Der Hund Fingar von Harro Harring, schwarz mit viel weiß, kam auf einem englischen Schiff 1837 aus Neufundland nach England. Diese Hunde und viele dieser Art waren den in England noch vorhandenen, alt eingeborenen englischen schwarzweißen Fleischerhunden sehr ähnlich. Auf diese letzteren dehnte sich im Volksmund nun rasch der Name Neufundländer aus. Es wurden auch die aus Neufundland gebrachten mit denen in England gebliebenen alten Stämmen gekreuzt. Sie waren einander sehr ähnlich geblieben. Es war dieses keine Bastardierung, sondern Züchtung unter Stammverwandten. Sie brachte verlorene und erwünschte Größe rasch wieder zurück. Die Kynologen begannen, sich für diese Rasse als den Neufundländer zu interessieren. Das Studieren von alten Zuchtbüchern und Reisebeschreibungen bringt etwas Licht in das Dunkel über die Herkunft unseres Neufundländers.

Wo kommt er also her, unser schwarzer und brauner Neufundländer? Bleiben wir erst einmal bei den schwarzen. Sind sie erst seit 1622 von Europa nach Neufundland gebracht worden? Es wird vermutet, daß der alte französische Fleischerhund, der große schwarze, und der alte schwarze schottische Schäferhund schon seit 1500 nach Neufundland gebracht worden sind und sich dort durch Bastardierung an der Entstehung des schwarzen und braunen Neufundländers beteiligt haben. Andere vermuten in dieser Sippe noch den spanischen Alanen und den Mastin sowie besonders die Pyrenäen-Hunde und die irischen Waterdogs. Aber von all diesen Importen ist keiner erwiesen. Sie sind alle nur erfunden, unter einem Schimmer von Möglichkeiten. Sie wurden geglaubt, und so wurde ihnen eine biologische Möglichkeit als Erfolg untergeschoben. Es blieb bisher bei der Meinung, daß die Vorfahren aller Neufundländer europäische Auswanderer waren. Einzig und allein deshalb, weil Gabot, einer der Entdecker Neufundlands eingeborene Hunde nicht erwähnt hat. Der schwarze Neufundländer hat im allgemeinen etwas sehr typisches, auch wenn geringe Unterschiede unter den Hunden vorhanden sind. Ob wir ihn aus Neufundland nehmen oder aus kanadischer, deutscher, schweizer oder englischer Edelzucht, mit oder ohne Blutauffrischung durch neue Inselhunde, er bricht immer wieder nach dem gleichen Typus durch, der schon bei den Inselhunden durchgehend vorhanden war. In einem Zeitraum von ca. 200 Jahren ist es fast eine biologische Unmöglichkeit, daß sich ein solcher Typ so festigt, wie es bei unserem schwarzen Neufundländer der Fall ist. Da müßte ein altrassiger Kern vorhanden sein. Die ausnahmslos symmetrische Farbzeichnung der schwarzen und der gelegentlich andersfarbigen, die aus schwarzen Stämmen fallen, spricht dafür, daß sie nicht Resultat einer Bastardierung sein können, denn eine Bastardierung verschiedenfarbiger Hunde ergibt zu oft Schec??ken. Auch ein Vergleich von Schädeln von ursprünglich ansässigen Hunden Neufundlands mit gezüchteten Hunden aus der Schweiz oder England ergaben trotz sehr unterschiedlicher Größen eine einwandfreie rassische Übereinstimmung. Es mögen viele Bastardierungen auf der Insel entstanden sein; das betrifft aber nicht den großen Stock der ausgeglichenen Schwarzen.

William Lord, der viele Jahre in Neufundland lebte und später in England Neufundländer richtete, berichtet, die eingeborenen Menschen auf Neufundland betrachteten bei allen Hunden schwarz oder braun-schwarz als das Kennzeichen der echten Abstammung. Diese schwarzen vererben sich erfahrungsgemäß hervorragend. Bei Bastardierungen schlagen meistens die schwarzen Neufundländer durch. Paart man sie mit Berner Sennehunden, Bernhardinern oder ähnlich artverwandten Rassen, sind die Nachkommen kaum von echten Neufundländern zu unterscheiden. Bei dieser großen Dominanz anderen Rassen gegenüber muß schon ein fester, altrassiger Kern vorhanden sein. Dazu möchte ich Prof. Dr. Heim zitieren (entnommen aus einem Zuchtbuch): ...Und als diesen Kern kann ich mir, nach der ganzen Situation, nur eine längst vor 1622 auf Neufundland eingedrungene Invasion von nordamerikanischer Herkunft vorstellen, die dann durch Isolation gefestigt worden ist. Das muß ein Zweig der polarischen Schlittenhunde, der nachbarlich anstoßenden Labrador-Hunde, gewesen sein. Natürlich verstehe ich unter diesem Namen nicht das, was man heute in England oder Neufundland so nennt - Bastarde. Ebenso meine ich nicht den jetzt in Labrador vorhandenen Husky, einen Wolfbastard mit Stehohren. Es handelt sich hier um den alteingeborenen Hund der Labrador-Küste, der seit einigen Jahrzehnten wegen der Verbastardierungen selten geworden ist. Der echte, alteingeborene indianische Labrador-Hund aus der Zeit vor 1850 gehört zu den circum-polar-arktischen Schlittenhunden, die vom Macenzy-Fluß mit allerlei Variationen quer durch Kanada bis an die Küste von Labrador reichen. Im Westen sind sie oft weiß und schwarz, auf Labrador vorherrschend ganz schwarz, hier und da auch ganz braun, leberbraun, aber auch schwarz mit braunen Abzeichen. Weiße Abzeichen sind auch häufig. Im Bau und Typus sind sie den kleinen, eingeborenen schwarzen oder hier und da auch leberbraunen Neufundländern sehr ähnlich. Sie unterscheiden sich von diesen meistens nur durch etwas geringere Größe und etwas leichteren Bau.

Typischer Neufundländer um 1870

Ihr Haar ist sehr voll, aber nur halblang, dicht anliegend und fettig. Unter den eingeborenen schwarzen Neufundländern gibt es auch hier und da kurzhaarige, die man kaum von den Labrador-Hunden unterscheiden kann. Bei den von Neufundland und Labrador zurückgekehrten Stockfischfängern an den französischen Küsten hat man diese gesehen, die eben von Labrador gebracht worden waren. In ihrem Benehmen, besonders in der Wasserarbeit, sind die beiden Abänderungen einander ebenfalls ähnlich. Zwischen eingeborenen schwarzen Neufundländern und Labrador-Hunden war damals keine scharfe Grenze vorhanden. Sie gehen in nicht seltenen Zwischenformen ineinander über. Dr. Studer berichtete damals, daß der Schädel der Neufundländer sehr ähnlich, oft fast gleich dem des Labrador-Hundes sei. Wir stehen also vor der Tatsache, daß der dem schwarzen Neufundländer in allen

Teilen nächststehende Hund mit den gleichen Farbvariationen ein unmittelbarer kontinentaler geographischer Nachbar ist.

Dieses Tier-geographische Moment allein schon würde vollständig genügen, um den schwarzen Neufundländer vom Labrador-Hund abzuleiten. Selbst wenn alle Erkundigungen über Hundehaltung der Beothuk-Indianer negativ ausfallen sollten, die Abstammung der schwarzen Neufundländer vom Labrador-Hund scheint mir unzweifelhaft zu sein. Es ist kaum denkbar, daß Neufundland vor 1622 noch hundelos gewesen ist. Reisende in der Zeit um 1500 bis 1600 berichteten von Hunden der eingeborenen Indianer und Eskimos längs der ganzen atlantischen Küste von Labrador bis südlich über Neufundland hinaus. Bei der ungeheuerlichen Verständnislosigkeit und Arglosigkeit gegenüber Hunden, welche im allgemeinen die Mehrzahl der geographischen Reiseberichterstatter an den Tag legen, ist die Deutung des Stillschweigens über Hunde 1497 bis 1622 als eine bloße Nichtbeachtung derselben auf der Hand liegend. Es kann auch sein, daß die eingeborenen Hunde sehr ungleich verbreitet waren und sich vielleicht gerade an den zuerst betretenen und besiedelten Uferstellen nicht zeigten. Die Eskimos und die Naskapy-Indianer der Labrador-Gebiete hatten Hunde, und sie standen mit den Beothuks, den Eingeborenen Neufundlands, in freundschaftlichem Verkehr.
Dieser Hund war der Eskimo- und der Labrador-Hund. Im Sommer konnte er schwimmend über die Meerenge von Belle Isle nach Neufundland gelangen. Im Winter war der Verkehr für Mensch und Hund von Labrador über das Eis nach Neufundland immer leicht. Es scheint, daß man dieser Wahrscheinlichkeit nicht ausweichen kann und sie in die histo-

rischen Berichte einbeziehen muß. Aus dem Labrador-Hund ist durch Ausbreitung und Isolation auf der Insel der schwarze Neufundländer geworden. Strebel kommt auf anderen Wegen zu einer ähnlichen Ableitung des Neufundländers. Hier gibt es im Norden den bereits von P. Reichenbach 1836 beschriebenen schwarzweißen Mackenzie-Fluß-Hund, der an der ganzen Nordküste Amerikas zu finden ist. Er brachte hier den Neufundland-Hund hervor und in Asien und Europa den gleichen großen Ausläufer, den Laika, eine große Doggenformen.

Mit unserer Ableitung des schwarzen Neufundländers stimmen wir auch mit den Ergebnissen Th. Studers überein. Die Einbringung der Inselhunde nach Europa und hier die gute Pflege und Edelzucht hat sie erst groß gemacht.

Kurz zusammengefaßt: Während die von den Engländern nach Neufundland exportierten großen schwarzweißen Fleischerhunde - wieder nach England zurückimportiert - den Landseer geliefert haben, waren die Schwarzen schon vor den europäischen Ansiedlern in Neufundland vorhanden. Sie sind sicherlich durch Isolation aus den Labrador-Hunden entstanden.

Namensgebendes Gemälde von Sir Edwin Landseer, 1837

Von der gleichen Insel kommend wurden Landseer und schwarze Neufundländer irrtümlich für bloße Farbvariationen gehalten - mit dem gleichen Rassenamen belegt und auf Ausstellungen meist dem gleichen Richter zugeschoben, der sie beide kennen soll. Gleiches Inselschicksal kann die beiden Rassen, besonders so manchen Unterschied zwischen den Gewohnheiten und Charaktereigenschaften, einander angenähert haben. Um das Jahr 1800 holten die Seefahrer die Schwarzweißen von der Insel, bis sie dort fast nicht mehr gefunden werden konnten. Dadurch gewannen nachher die

Schwarzen auf Neufundland selbst sowie im Export die Oberhand.

Um 1900 war auch der Schwarze fast vollständig von der Insel verschwunden. Man hatte zu dieser Zeit schon Mühe, einen schönen schwarzen Neufundländer auf der Insel zu finden. Fortan mußte man sich an die europäische und amerikanische Edelzucht halten.

Durch diese zwei verschiedenen Ausgangsformen - der große, altenglische Fleischerhund (seit 200 Jahren in Neufundland gehalten) für den Landseer und der höchstens mittelgroße Labrador-Hund für den schwarzen Neufundländer - wird es auch verständlich, warum der heutige schwarze Neufundländer an Größe den Landseer im allgemeinen noch nicht erreicht hat.

In den Jahren ab 1895 bis 1898 wurden 61 Ausstellungen besucht. Die Meldezahlen lagen zwischen 2 und 20 Neufundländern. Es wurden Spezialpreise à 40 Mark sowie wunderschöne Silbermedaillen vergeben. Der Zuchtbestand wurde durch Importe aus England vergrößert, da die Stämme schon bald sehr viel Inzucht aufwiesen. Es wurden u. a. von Dr. Künzli, Dr. Rikli und Prof. Dr. Heim direkt aus Neufundland Hunde importiert, um frisches Blut in die Bestände einzukreuzen. Dieser kleinere, eingeborene Neufundländer vermischte sich schnell mit dem großen bärenhaften Hund des Kontinents und machte den etwas schwerfälligeren Hund beweglicher. Der einheimische Hund auf Neufundland ist ein exzellenter Schwimmer und Taucher. Für die Einheimischen an der Küste ist er als Helfer beim Fischfang immer zur Stelle, sei es beim Einschleppen der Boote durch die Brandung oder

zum Einholen der Netze. Diese Arbeit beim Fischen sichert den Hunden ihre Nahrung, hauptsächlich Reste von Fischen oder kleinere, nicht verwertbare Fische. Selbst heute, wo der Neufundländer nicht mehr die schwere Arbeit im Wasser leisten muß, hat er seinen Hang zum Wasser nicht verloren.
Die nächsten Jahre der Zucht veränderten den Typ des Hundes. Sein Kopf wurde massiger und breiter, der ganze Hund wurde kompakter und der Behang des Hundes hinten länger. Anfang des 20. Jahrhunderts glich sich der Neufundländer dem heutigen Standard an.

Die Entwicklung des Neufundländers in Bildern:

1843

Neufundländer um 1878

Ende des 19. Jahrhunderts

1950

Champion Asterix vom Riffersbach, geboren 1981

Die Zucht-Standards:
Neufundländer und Landseer

Der Standard von Rassehunden ist festgelegt als Leitfaden für Züchter, Richter und alle Zuchtverantwortlichen.
Nur Neufundländer, die in hervorragender Weise dem Standard entsprechen, sollten zur Zucht verwendet werden.

Standard des Newfoundland Club of America

1997 gültiger Neufundländer-Standard des
Newfoundland Club of America
vom Mai 1990

Allgemeine Erscheinung
Der Neufundländer ist ein Hund von freundlichem Wesen, der niemals träge oder bösartig auftritt. Er ist ein ergebener Gefährte. Als Viel-Zweck-Hund zu Hause, auf dem Land und im Wasser ist der Neufundländer fähig, Zugarbeit zu leisten und besitzt natürliche Lebensrettungsfähigkeiten.
Der Neufundländer ist ein großer Hund mit dichtem Fell, ist sehr harmonisch mit tiefreichendem Körper, schweren Knochen. Er ist muskulös und stark. Ein gutes Exemplar dieser Rasse hat Adel und trägt den Kopf stolz.
Die folgende Beschreibung ist die eines idealen Neufundländers. Jede Abweichung von diesem Ideal ist im Verhältnis zum Grad seiner Abweichung zu ahnden. Aufbau- und Bewegungsfehler sind allgemein bei allen Arbeitshunden - so auch beim Neufundländer - unerwünscht, wie bei allen anderen Rassen, obwohl sie hier nicht besonders erwähnt werden.

Größe, Proportion, Substanz
Die durchschnittliche Größe liegt für erwachsene Rüden bei 71 cm, für erwachsene Hündinnen bei 66 cm. Das Gewicht erwachsener Rüden liegt zwischen 59 und 67 kg, das erwachsener Hündinnen zwischen 45 und 54 kg. Die Erscheinung des Rüden ist im Ganzen massiver als die der Hündin. Größe ist wünschenswert, aber niemals auf Kosten der Harmonie, des Aufbaus und korrekten Gangwerkes.
Der Neufundländer ist etwas länger als hoch, vom Buggelenk zum Sitzbeinhöcker und vom Widerrist zum Boden gemessen. Er ist ein Hund von beachtlicher Substanz, was vom Rippenbogen, der starken Muskulatur und den schweren Knochen verursacht wird.

Kopf
Der Kopf ist massiv mit breitem Schädel, leicht gebogenem Oberkopf und stark entwickeltem Hinterhauptbein.
Die Wangen sind gut entwickelt. Die Augen sind dunkelbraun. (Braune und Graue können hellere Augen haben und sollten nur in dem Grad bestraft werden, in dem die Farbe den Ausdruck beeinflußt). Die Augen sind relativ klein, tief und weit auseinander liegend. Die Augenlider sind eng anliegend ohne Umstülpung. Die Ohren sind 'relativ' klein und dreieckig mit gerundeten Spitzen. Sie sind gerade am Schädel in Höhe der Augenbrauen oder leicht darüber angesetzt und liegen eng am Kopf an. Wenn man das Ohr nach vorn nimmt, so reicht es bis zum Inneren des Auges derselben Seite. Der Ausdruck ist sanft und spiegelt die Charakteristika der Rasse wider: Wohlwollen, Intelligenz und Adel. Die Stirn und das Gesicht sind gleichmäßig und ohne Faltenbildung. Die Neigung des Stops ist mäßig, aber sie kann wegen einer gut entwickelten Braue steil erscheinen. Der Fang ist gut geschnitten und auf

seiner ganzen Länge breit und tief. Tiefe und Länge sind etwa gleich.
Die Länge von der Nasenspitze zum Stop ist geringer als die vom Stop zum Hinterhauptbein. Das Obere des Fanges ist gerundet, und im Profil ist diese Linie gerade oder nur leicht gebogen. Die Zähne schließen zum Scheren- oder Zangengebiß. Tiefer sitzende Schneidezähne des Unterkiefers in einem sonst normalen Gebiß sind kein Hinweis auf einen schlechten Gebißschluß und sollten nur als geringe Abweichung gewertet werden.

Hals, Oberlinie, Körper
Der Hals ist kräftig und gut auf den Schultern aufgesetzt, er ist lang genug, um den Kopf stolz tragen zu können.
Der Rücken ist stark, breit und muskulös und von kurz hinter dem Widerrist bis zur Kruppe gerade. Die Brust ist voll ausgeformt und tief, das Brustbein reicht wenigstens bis zu den Ellenbogen. Der Brustkorb ist gut aufgerippt das vordere Drittel verjüngt sich, um dem Ellenbogen freien Raum zu geben. Die Flanke ist tief, Die Kruppe ist breit und neigt sich leicht. Der Rutenansatz folgt der natürlichen Linie der Kruppe. Die Rute ist am Ansatz breit und kräftig. Sie hat keine Knicke, und der letzte Rutenwirbel reicht bis zum Sprunggelenk. Wenn der Hund entspannt steht, hängt seine Rute gerade oder mit einer kleinen Biegung am Ende herab. Wenn der Hund in Bewegung oder aufgeregt ist, wird die Rute ausgestreckt getragen, jedoch rollt sie sich nicht über den Rücken.

Vorderhand
Die Schultern sind muskulös und gut gelagert. Die Ellenbogen liegen direkt unter dem höchsten Punkt des Widerristes. Die Vorderläufe sind muskulös, starkknochig, gerade und parallel zueinander, und die Ellenbogen zeigen direkt nach hinten. Der Abstand vom Ellenbogen zum Boden entspricht etwa der Hälfte der Höhe des Hundes. Die Vorderfußwurzeln sind kräftig und leicht geneigt. Die Größe der Pfoten sieht im Verhältnis zur Größe des Körpers. sie sind mit Schwimmhäuten versehen und wie Katzenpfoten geschnitten. Die fünften Krallen könnten entfernt sein.

Hinterhand
Der Aufbau der Hinterhand ist kraftvoll, muskulös und starkknochig. Von hinten gesehen sind die Läufe gerade und parallel zueinander, von der Seite gesehen sind die Oberschenkel breit und ziemlich lang. Knie und Sprunggelenke sind gut entwickelt, und die Linie vom Sprunggelenk zum Boden steht im Lot. Die Spunggelenke stehen tief. Die Hinterpfoten sind gleich den Vorderpfoten. Wolfskrallen sollten entfernt sein.

Fell
Der erwachsene Neufundländer hat ein glattes, wasserabweisendes, doppeltes Haarkleid das wieder an seinen Platz zurückfällt, wenn man es gegen seinen Strich bürstet.
Das äußere Fell ist harsch, mäßig lang und dicht, glatt oder mit Wellung Die Unterwolle ist weich und dicht, doch sie kann in den Sommermonaten und in warmen Klimazonen weniger dicht sein. Das Fell an Gesicht und Fang ist kurz und fein. Die Rückseiten der Läufe sind ganz unten befedert.

Die Rute ist mit langem, dichtem Haar bedeckt. Ein Übermaß an Fell soll wegen des Aussehens getrimmt werden. Barthaare werden nicht getrimmt.

Farbe
Farbe ist zweitrangig gegenüber Typ, Aufbau und Harmonie. Die anerkannten Farben Neufundländer sind schwarz, braun, grau und weiß-schwarz.
Einfarbigkeit - Schwarze, Braune und Graue können als Einfarbige oder als Einfarbige mit Weiß an den folgenden Stellen auftreten: Kinn, Brust, Zehen, Rutenspitze.
Jede Menge an Weiß, das an diesen Stellen auftritt, ist typisch und nicht zu bestrafen. Auch sind typisch: ein Anflug von Braun auf einem schwarzen oder grauen Fell und hellere Stellen bei einem braunen oder grauen Fell.
Landseer - Weiße Grundfarbe mit schwarzen Abzeichen. Typisch ist ein schwarzer Kopf oder dieser mit Weiß am Fang, mit oder ohne Blesse. Gewünscht ist ein abgegrenzter schwarzer Sattel und ein separates schwarzes Abzeichen, welches sich bis zur weißen Rute ausdehnt.
Abzeichen, wie sie für Einfarbige oder Landseer beschrieben sind, können beträchtlich abweichen und sollten nur bis zum Grad ihrer Abweichung bestraft werden. Klares Weiß oder Weiß mit wenig Ruß wird bevorzugt. Die Schönheit der Abzeichen sollte nur dann berücksichtigt werden, wenn Hunde verglichen werden, die nicht anders zu vergleichen sind, niemals aber auf Kosten von Typ, Aufbau und Harmonie.

Disqualifikationen
Jede Farbe oder Farbkombination, die im einzelnen nicht beschrieben ist, ist zu disqualifizieren.

Gangwerk
Ein Neufundländer in Bewegung hat eine gute Reichweite, kräftigen Schub und vermittelt den Eindruck unermüdlicher Kraft. Sein Gang ist geschmeidig und rhythmisch, indem er die größte Menge Untergrund mit der kleinsten Anzahl an Schritten bedeckt. Die Vorder- und Hinterläufe bewegen sich gerade vorwärts. Wenn die Geschwindigkeit des Hundes ansteigt, tendieren die Beine zum Single Tracking.
In der Bewegung ist ein leichtes Rollen der Haut charakteristisch für die Rasse. Grundlegend für ein gutes Gangwerk ist die Ausgewogenheit einer korrekt aufgebauten Vor- und Nachhand.

Wesen
Freundlichkeit ist das Kennzeichen des Neufundländers ; dies ist das wichtigste Einzelcharakteristikum der Rasse.

Standard Nr. 50 der FCI

Rassekennzeichen des Neufundländers (in Anlehnung an den Standard Nr. 50 der FCI)

Allgemeine Erscheinung des Neufundländers: Der Neufundländer soll den Eindruck eines großen, starken, dabei behenden und intelligenten Hundes machen, der sich leicht und federnd auf seinen Läufen bewegt. Eine leichte seitliche Schwingung des Rumpfes im Gang ist nicht zu verwerfen.

Wesen: Er ist ein großer Zug- und Wasserhund mit natürlichem Lebensrettungsinstinkt, treuer Begleiter, besonders gutmütig.

Der **Kopf** soll breit und massig, das Hinterhauptbein gut entwickelt sein. Es sei ein deutlicher Stirnabsatz vorhanden, doch soll dieser nicht durch eine so scharf ausgeprägte Einbiegung (Stop) wie beim St.-Bernhards-Hund hervorgerufen werden. Die Profillinie soll vom Nasenrücken über die Stirn zum Oberkopf nicht senkrecht, sondern etwas schräg aufsteigen. Der obere Augenhöhlenrand zeigt keine so starke seitliche Ausladung wie beim St.-Bernhards-Hund. Von vorne gesehen bildet der Umriß der oberen Schädelpartie eine kräftige, oben leicht abgeflachte Bogenlinie. Der Nasenrücken ist entweder gerade oder zeigt eine leicht gestreckte Ausbiegung nach oben. Die Schnauze soll kurz, auch seitlich nicht zu scharf abgesetzt, allmählich zulaufend, aber nicht zu spitz sein. Sie soll in geschlossenem Zustand ebenso lang sein wie sie vor den Augen tief ist. Die Lefzen müssen eher trocken als zu schwer sein. Die sehr kräftigen Zähne müssen richtig übereinander beißen (Scherengebiß). Die Kopfhaut darf keine Falten bilden. Die Behaarung der Schnauze ist kurz und fein.

Augen: Ruhiger, aufmerksamer Blick mit gutmütigem Ausdruck. Lidspalte nicht zu weit, mandelförmig geschnitten. Das Weiße des Augapfels ist bei geradem Blick nur sehr wenig oder gar nicht bemerkbar. Die Lidbindehaut soll nicht sichtbar sein. Die Farbe soll braun sein, am besten dunkelbraun. Helle Farben (schwefelgelb oder grau-gelb) sind fehlerhaft. Die Augen sollen tief und weit auseinanderliegen.

Die **Ohren** sind kleiner und dreieckiger als z.B. der Behang eines Pointers oder Setters, hoch am Oberkopf angesetzt, an den Kopfseiten glatt anliegend, mit feiner kurzer Behaarung im unteren Teil. Lange Haarfransen sind nur am hinteren Teil der Behangwurzel nicht verwerflich.

Der **Hals** steigt muskulös und breitnackig aus der Schulter-Brust-Partie gegen den Kopf an. Sein Querschnitt soll nicht ganz rund, sondern eiförmig sein, bei symmetrischem Bau beträgt seine Länge vom Hinterhauptbein bis zum Widerrist ungefähr 3/4 der Kopflänge, vom Hinterhauptbein bis zur Nasenspitze gemessen.

Jugendchampion, internationaler und nationaler Champion Karina v. Riffersbach, geboren 12.März 1992, im Alter von 3 Jahren

Vorderhand: Starke, von der Schultergegend kommende Muskelmassen umlagern den kräftigen, verhältnismäßig langen, für den Neufundländer typischen Oberarmknochen, dem sich unter guter Winkelung die mächtigen Knochen des vollkommen geraden und ebenfalls muskelstarken Laufes anschließen. Die Ellenbogen liegen dem tiefsten Teil des Brustkorbes gut an, stehen ziemlich tief und sind genau rückwärts gerichtet. Der ganze Lauf ist bis zur Pfote dicht befedert.

Der **Rumpf** soll vom Widerrist bis zum Rutenansatz ungefähr doppelte Kopflänge haben. Der Rücken ist gerade, von den Schultern bis zur Kruppe sehr breit und kräftig. Zwischen sehr muskulösen Schultern sei die Brust tief und breit bei entsprechender kräftiger Rippenwölbung des Brustkorbes. Der Bau ist nur wenig aufgezogen. Zwischen ihm und der muskulösen Lendenpartie soll eine flache Vertiefung der Flankengegend deutlich sichtbar sein. Die Kruppe ist breit und durch starke Muskelpolster seitlich abgerundet. Schwacher Rücken, Senkrücken, schlaffe Lendengegend und zu kurze letzte Rippen mit starkem Aufgezogensein des Bauches sind Fehler. Die Behaarung der Brust und Schultergegend sei besonders reichlich.

Die ganze **Hinterhand** soll kräftig sein. Die Hinterläufe müssen frei bewegt werden, sie sollen starke Knochen haben, die von kräftigen Muskeln überlagert werden, so daß besonders die Oberschenkelpartie breit entwickelt ist. Die Hinterläufe sollen reich befedert sein. Kuhhässige Stellung und ebenso Mangel an Winkelung, sind Fehler. Afterklauen sind verwerflich und sollen möglichst bald nach der Geburt entfernt werden.

Knochen und Läufe: Sie sollen durchaus massig sein und zur Gesamtfigur passen.

Die **Pfoten** sollen groß, breit und gut geformt sein. Gespreizte und nach außen gedrehte Pfoten sind verwerflich. Die Zehen sollen durch starke Häute bis ziemlich weit zur Zehenspitze verbunden sein.

Die **Rute** soll stark und von mäßiger Länge sein, sehr dicht und buschig behaart, aber nicht fahnenförmig. Wenn der Hund still steht und nicht erregt ist, soll er die Rute abwärts hängend, eventuell am Ende ein wenig gebogen halten. In Bewegung soll sie gerade ausgestreckt, mit einer kleinen Biegung der Spitze nach oben getragen werden. Ruten mit einer Verbiegung oder solche, die über dem Rücken geringelt getragen werden, sind verwerflich.

Die **Behaarung** soll - mit Ausnahme des Kopfes - lang, schlicht und dicht sein, sich hart, fast grob und fettig anfühlen. Durch diese Beschaffenheit und durch das dichte Unterhaar, wird bei längerem Aufenthalt im Wasser ein Eindringen des Wassers bis auf die Haut erschwert. Das Haar soll, gegen den Strich gebürstet, von selbst wieder in seine richtige Lage zurückfallen. Über dem Rücken ist es meist gescheitelt.

Farbe: Erlaubte Farben sind Schwarz, Braun und Schwarzweiß. Bei den schwarzen und braunen Hunden sind kleine symmetrische weiße Abzeichen an Brust, Zehen und Rutenspitze nicht zu beanstanden. Bei den schwarzweißen Hunden ist die Grundfarbe ein klares Weiß mit zerrissenen schwarzen Platten auf Rumpf- und Kruppenpartie. Der Hals, die Vorbrust, der Bauch, die Läufe und die Rute müssen weiß sein. Der Kopf ist schwarz. Als Zuchtfestigung gilt eine weiße Schnauzenpartie mit einer weißen, symmetrischen, nicht zu breiten durchgezogenen weißen Blässe. Rußflecken im weißen Grund sind keine Fehler, sollen jedoch herausgezüchtet werden.

Größe und Gewicht: Die Schulterhöhe der Neufundländer schwankt bei Rüden zwischen 68 cm und 75 cm, das Gewicht zwischen 64 kg bis 69 kg. Bei Hündinnen bewegt sich die Schulterhöhe zwischen 62 cm und 70 cm, das Gewicht zwischen 50 kg bis 54 kg.

Der Landseer-Standard 1992

Allgemeine Erscheinung des Landseers: Der Landseer soll den Eindruck eines großen, starken, harmonisch gebauten Hundes machen. Er steht, was speziell den Rüden betrifft, auf höheren Läufen als der schwarze Neufundländer. Die Bewegungen seiner muskulösen Läufe sollen eine leicht fördernde, geräumige Gangart präsentieren.

Die **Behaarung** soll mit Ausnahme des Kopfes lang, möglichst schlicht und dicht sein, sich fein anfühlen, durchsetzt mit Unterwolle. Diese ist nicht so dicht wie beim schwarzen Neufundländer. Leicht gewelltes Deckhaar auf dem Rücken und an den Keulen ist nicht zu beanstanden. Das Haar, gegen den Strich gebürstet, muß von selbst wieder in die richtige Lage zurückfallen. Die **Grundfarbe** des Haares ist ein klares Weiß mit zerrissenen, schwarzen Platten auf dem Rumpf und der Kuppenpartie. Der Hals, die Vorbrust, der

Bauch, die Läufe und die Rute müssen weiß sein. Der Kopf ist schwarz. Als Zuchtfestigung gilt eine weiße Schnauzenpartie mit einer weißen symmetrischen, nicht zu breiten durchgezogenen Blässe. Noch vorkommende Rußflecken im weißen Grund sind keine Fehler, sollen jedoch herausgezüchtet werden.

Der **Kopf** soll breit und massig, das Hinterhauptbein gut entwickelt sein; es sei ein deutlicher Stirnabsatz vorhanden, jedoch nicht so ausgeprägt und so steil wie beim St.-Bernhards-Hund. Die Schnauzenlänge soll gleich der Schnauzentiefe vor dem Stirnansatz sein. Die Lefzen sollen trocken, die oberen die unteren leicht dec??kend sein. Die unteren sollen möglichst straff und nicht geifernd sein. Die Kopfmodellierung soll markant geprägt, aber edel im Ausdruck, mit mäßig entwickelten Backen, welche allmählich in die Schnauzenpartie überlaufen, sein. Nasenspiegel und Lefzen sollen schwarz pigmentiert sein. Er sollte ein ausgeprägtes Scherengebiß besitzen. Die Kopfhaut soll ohne Falten sein, dabei kurz und fein behaart.

Die **Ohren** sollen mittelgroß sein und, gegen die Augen gelegt, bis zum inneren Augenwinkel reichen und von dreieckiger Form sein, unten etwas gerundet. Hoch am Oberkopf, aber nicht zu weit hinten angesetzt und an den Kopfseiten glatt und dicht anliegend, mit feiner, kurzer Behaarung entsprechen sie dem Standard. Längere Haarfransen sind nur am hinteren Teil der Behangwurzel erwünscht.

Die **Augen** sollen mittelgroß, mit freundlichem Blick mäßig tief liegend und braun bis dunkelbraun sein. Hellbraun darf toleriert werden. Die Lidspalte ist mandelförmig, die Lidbindehaut nicht sichtbar. Ausgesprochen helle Augen (schwefelgelb oder grau-gelb) sind fehlerhaft, ebenso ein zu enger Augenstand.

Der **Hals** im Querschnitt nicht ganz rund, sondern leicht eiförmig, steigt muskulös und breitnackig aus der Schulter-Brustpartie gegen den Kopf an. Bei symmetrischem Bau beträgt seine Länge vom Hinterhauptbein bis zum Widerrist ungefähr 3/4 bis 4/5 der Kopflänge, vom Hinterhauptbein bis zur Nasenspitze gemessen. Ausgeprägte Kehl- oder Halswamme ist nicht erwünscht.

Der **Rumpf** soll vom Widerrist bis zum Rutenansatz ungefähr der doppelten Kopflänge entsprechen. Der Rücken sei straff und gerade, von den Schultern bis zur Kruppe sehr breit und kräftig. Zwischen sehr muskulösen Schultern sei die Brust tief und breit bei entsprechend kräftiger Rippenwölbung des Brustkorbes. Der Bauch ist nur wenig aufgezogen, zwischen ihm und der muskelstarken Lendenpartie soll eine flache Vertiefung der Flankengegend deutlich sichtbar sein. Die Kruppe sei breit, durch starke Muskelpolster seitlich und nach hinten schön abgerundet. Schwacher Rüc??ken, Senkrücken, schlaffe Lenden und zu kurze letzte Rippen mit starkem Aufgezogensein des Bauches sind Fehler. Das Gebäude zeigt deutliche Unterschiede zum Neufundländer.

Vorhand: Starke, von der Schultergegend kommende Muskelmassen umlagern den kräftigen Oberarmknochen, dem sich unter richtiger Winkelung die mächtigen Knochen des vollkommen geraden Laufes - dieser soll gut bemuskelt sein - anschließen. Die Ellenbogen liegen dem tiefsten Teil des Brustkorbes gut an, stehen ziemlich hoch und sind genau nach rückwärts gerichtet. Der ganze Lauf ist bis zum Sprunggelenk leicht befedert.

Die ganze **Hinterhand** soll kräftig sein. Die Hinterläufe müssen durchweg frei bewegt werden, sie sollen starke Knochen haben, die von kräftigen Muskeln überlagert sind, so daß besonders die Oberschenkelpartie breit entwickelt ist. Die Hinterläufe sollen mäßig befedert sein. Kuhhässige Stellung und ebenso Mangel an Winkelung sind Fehler. Afterklauen sind verwerflich und sollen möglichst bald nach der Geburt entfernt werden.

Typischer Landseer

Die **Pfoten** sind groß und gut geformt, sogenannte Katzenpfoten. Gespreizte oder nach außen gedrehte Pfoten sind zu beanstanden. Die Zehen sollen durch starke Schwimmhäute bis ziemlich weit zur Zehenspitze verbunden sein.

Die **Rute** ist stark, höchstens bis etwas unter die Sprunggelenke reichend, sehr dicht und buschig behaart, aber nicht fahnenförmig. Wenn der Hund still steht und nicht erregt ist, soll er die Rute abwärtshängend tragen, am Ende evtl. etwas gebogen haltend. In der Bewegung darf er sie gerade ausgestreckt, mit einer leichten Biegung des Endes nach oben tragen. Ruten mit einer Verbiegung oder solche, die über den Rücken geringelt getragen werden, sind verwerflich.

Größe: Die Schulterhöhe des Landseers darf schwanken. Bei den Rüden durchschnittlich zwischen 72 cm und 80 cm, bei den Hündinnen durchschnittlich zwischen 67 cm und 72 cm. Kleinere Variationen nach unten oder oben sind zu tolerieren.

Der Neufundländer und der Landseer im Vergleich
Vergleicht man den Standard des schwarzen Neufundländers und des Landseers, kann man viele Gemeinsamkeiten feststellen. Aber grundsätzlich unterscheidet sich der Landseer doch sehr von dem schwarzen Neufundländer. Es ist keineswegs nur der Typus, wodurch sich der Landseer vom schwarzen Neufundländer unterscheidet. Eine ganze Reihe von Details findet sich auffallend häufig bei den schwarzweißen Hunden. Viele stehen auf hohen Läufen und die Befederung ist sehr mäßig. Er ist größer und oft findet man ge-

spreizte Zehen. Die Behaarung ist kürzer und dünner. Der Kopf ist oft zu massig, die Augenlider sind nach unten offen, so daß die Bindehaut sichtbar wird. Durch die Schwere des Kopfes ist auch oft die Belefzung zu schwer und zu feucht.

Wie genau die schwarzen oder schwarzweißen Hunde entstanden sind, kann auch heute, im Jahr 1998, nur vermutet werden. Ich bin der Meinung, daß beide Hunde unabhängig voneinander entstanden sind und jeder für sich einen festen genetischen Kern vererbt. Sonst würden sich beide Hunde nicht mit so großer Dominanz weiter vererben.

Landseer um 1990

Graf vom Riffersbach 1992

Das Wesen des Neufundländers

Das Wesen dieses mächtigen und starken Hundes ist, auf einen einfachen Nenner gebracht, das eines Kindes, welches noch in einer heilen Welt lebt. Seine Gutmütigkeit ist einfach nicht zu überbieten, und im Umgang mit Kindern zeigt er ein Verständnis, an das der Mensch kaum heranreicht. Auch gegen seine Artgenossen zeigt er keinerlei Aggressionen - außer dem Imponiergehabe, wenn sich zwei Rüden mit dominierendem Wesen begegnen. Sein gutmütiges Wesen erlaubt es seinem Herrn, den Neufundländer wirklich immer in seiner Begleitung zu haben. Selbst beim Stadtbummel in belebten Geschäftsstraßen oder im Auto bei stundenlanger Fahrt in den Urlaub ist dieser Freund des Menschen nicht aus der Ruhe zu bringen.

Mein Enkelsohn Mike beim Spielen mit einigen meiner Welpen

Dazu eine kleine Episode mit meinen Neufundländern: Das ca. 5.000 qm große Außengelände, auf dem unsere Neufundländer im Rudel leben, ist mit einem 170 cm hohen Zaun sicher eingefriedet. Um so erstaunter war ich, als ich an einem sonnigen Vormittag zu den Hunden kam: Kaum zu glauben, aber wahr hatten ein 5jähriger und ein 10jähriger Junge das Tor überklettert und spielten friedlich mit unseren sechs Neufundländern. Die strenge Aufforderung, dies zu unterlassen, war für diese beiden Kinder kaum zu begreifen. „Warum dürfen wir nicht mit den Hunden spielen ? Es sind doch unsere besten Freunde." Dies blieben sie auch noch viele Jahre.

Der Neufundländer ist trotz seiner Gutmütigkeit ein treuer Beschützer seiner Familie.

Die besten Freunde: Mike Stefan Prost und Ondra vom Riffersbach

Der ausgesprochene Hang zum Wasser ist ihm bis heute erhalten geblieben. Selbst an kalten Wintertagen scheut er sich nicht, ein Bad im nahegelegenen See zu nehmen.

Bei guter Aufzucht ist er problemlos zu halten, jedoch nicht in einer Etagenwohnung. Es ist nicht so, daß er keine Treppen steigen kann, daran liegt es mit Sicherheit nicht. Aber auch ein Neufundländer könnte einmal durch einen Unfall oder Krankheit nicht mehr in der Lage sein, selbst zu laufen. Da ein erwachsener Hund zwischen 50 kg und 70 kg wiegt, kann man ihn auch keinesfalls mehrere Male am Tag in den Garten tragen, damit er sein Geschäft verrichten kann. Der Neufundländer benötigt einen Garten (ca. 500 qm genügen ihm vollkommen) mit einer kleinen Hütte (2 x 3 m), in die er sich bei schlechtem Wetter oder wenn er seine Ruhe haben möchte zurückzieht. Bei Rüden sollte die Umzäunung des Grundstücks aus einem punktverschweißten Drahtgeflecht mit einer Drahtstärke von ca. 1,5 mm bestehen. Eine Umzäunung aus Maschendraht ist den großen Hunden nicht gewachsen - sie ziehen einen Draht hervor und beißen ihn durch. Sofort hat man ein großes Loch und unser Großer spaziert zu einer heißen Hündin in der Nachbarschaft. Die Höhe der Einfriedung sollte ca. 160 cm betragen. Die Unterbringung des Neufundländers sollte immer in der Nähe des Hauses geschehen. Manch eine Familie mit großem Garten wird denken, wir setzen ihm ein schönes Gartenhaus ans Ende des Gartens. Nur, er wird dieses Gartenhaus nie benutzen, es sei denn, es ist wirklich einmal richtig schlechtes Regenwetter und er findet anders keinen Unterschlupf. Wenn der Hund aber die Möglichkeit hat, sich an einem trockenen Platz sofort in der Nähe des Hauses (auf die Terrasse oder sonstwo) hinzulegen, wird er diese Hütte, die weit von seiner Familie entfernt steht, nicht benutzen. Daher ist es angebracht, die Unterkunft des Neufundländers möglichst in unmittelbarer Nähe des Hauses herzurichten. Es genügt dem Hund eigentlich ein trockener Platz, wenn er, wie es in den meisten Familien ist und eigentlich auch sein soll, innerhalb der Familie mit im Haus lebt, nachts meinetwegen draußen schläft, aber immer den Kontakt zu seinem Herrchen hat.

Insbesondere die Kinder sind des Neufundländers erklärte Lieblinge

Die Zucht des Neufundländers

Meistens spielen bei der Kaufentscheidung zwischen Rüde oder Hündin andere Kriterien, als die Absicht, Hunde zu züchten, eine Rolle. Hat man sich für eine Hündin entschieden, weil diese leichter zu handhaben und zu führen ist und mehr Haustreue als ein Rüde besitzt, könnte dies der Anfang einer Laufbahn als Hobbyzüchter dieser schönen Rasse sein.

Meine erste Begegnung mit dem Neufundländer verlief folgendermaßen: Unsere, jede Woche erscheinende, Fernsehzeitung brachte 1979 jede Woche das Bild eines Rassehundes und eine Beschreibung seines Wesens. Meine Frau und ich verliebten uns sofort in diesen Hund, ohne ihn je lebend gesehen zu haben. Durch die Information des Deutschen Neufundländer-Clubs kamen wir schnell an Adressen von Hobbyzüchtern und gleich nach 14 Tagen waren wir stolze Besitzer der Neufundländer-Hündin "Gallina von Drachenfels". Der Welpe wurde schnell zum Junghund und war mit 12 Monaten eine bildschöne Neufundländer-Dame, welche wegen ihrer Schönheit unbedingt auf eine Ausstellung sollte. Eine sehr gute Bewertung dort gab den Anlaß, sie auf Hüftgelenk-Dysplasie (HD) röntgen zu lassen. Das Ergebnis war HD 0, der Hund war also HD-frei. Dies gab den Ausschlag, mit ihr eine langjährige Zuchtlaufbahn zu beginnen.

Einer der nächsten Schritte zum Beginn einer Neufundländer-Zucht ist ein Antrag auf Zwingerschutz an die Zuchtbuchstelle. Da ein geeignetes Gelände vorhanden war, gab es keinerlei Schwierigkeiten. Die Hündin wurde auf einer

Spezial-Zuchtschau mit "vorzüglich" bewertet und somit für die Zucht freigegeben.
Als angehender Züchter sollten Sie sich ihre Hündin genau ansehen. Sie sollte dem Rassestandard entsprechen, um eine Verbesserung der Zucht anzustreben. Lassen Sie sich bei der Auswahl des richtigen Rüden von einem langjährigen Züchter, welcher als Zuchtwart für den Club tätig ist, beraten.

Der erste Wurf in einem Zwinger ist bei einer Fortführung der Zucht sicherlich der wichtigste und entscheidendste auf dem Weg, gute Neufundländer zu züchten. Wenn Sie die Zucht länger betreiben wollen, sollten Sie darauf achten, immer nur das allerbeste aus Ihrer Nachzucht zur Weiterzucht zu verwenden. Ist ein passender Rüde für die Hündin gefunden, sollte man sich für den kommenden Decktermin vormerken lassen. Bei der Auswahl eines Rüden sollten Sie unbedingt darauf achten, einen schönen, zu Ihrer Hündin passenden, Rüden zu finden, der nicht weiter als eine Stunde Autofahrt von Ihnen entfernt ist und der Deckerfahrung hat. Wenn Sie mit einer Hündin, die noch nicht gedeckt wurde, eine weite Reise zu einem Rüden machen, der auch noch keine Erfahrung hat, könnte es sein, daß die Läufigkeit der Hündin vorbei geht, ohne daß es zum Deckakt gekommen ist. Dies kann viele Gründe haben: der Zeitpunkt der Zusammenführung ist nicht der richtige, es ist noch zu früh, die Hündin weist den Rüden ab. Bei einem unerfahrenen Rüden kann es passieren, daß er sich nicht mehr traut, die Hündin zu besteigen. Haben Sie dagegen einen Rüden mit Deckerfahrung, wird es für diesen kaum ein Problem sein, auch eine etwas aggressive Hündin zu unterwerfen und zu decken. Bei kurzer Entfernung ist es kaum ein Problem, 3-4 Mal zum Rüden zu fahren, wenn es nötig ist. Eine Hündin sollte nach Möglichkeit 2-3 Mal gedeckt werden.

Liebesspiel zweier Neufundländer

Die Hitze

Der Verlauf der Hitze beginnt mit der Vorbrunst. Ein sicheres Zeichen des Brunstbeginns ist das häufige Urinieren der Hündin. Sie hinterläßt für die Rüden ihre Markierung. So aufmerksam geworden auf den Beginn der Hitze, sollten Sie Ihrer Hündin am besten nach einer Ruhepause täglich mit einem weichen Toilettenpapier das Geschlechtsteil abreiben, um festzustellen, wann genau die Hündin zu bluten beginnt.

Die Blutung der Hündin dauert ca. 12 bis 15 Tage. In diesen Tagen geht mit dem Geschlechtsteil der Hündin eine Veränderung vor. Es schwillt an zu der Größe einer Kinderfaust. Um den 12. Tag läßt die Blutung nach und ein schleimiger Ausfluß beginnt. Jetzt ist der Zeitpunkt gekommen, schnellstens den von Ihnen auserkorenen Rüden aufzusuchen. Am Verhalten der Hündin können Sie leicht feststellen, ob der Zeitpunkt für das Belegen der richtige ist. Ist die Hündin noch nicht zum Deckakt bereit, wird sie den Rüden zurückweisen, wenn er versucht, aufzureiten. Ein erfahrener Deckrüde - einen solchen sollte man für eine Erstbedeckung auswählen - wird dann auch gleich nach einigen Minuten das Interesse an der Hündin verlieren, wenn er feststellt, daß der Zeitpunkt des Deckaktes noch nicht gekommen ist, die Hündin also noch nicht bereit ist. Ist die Hündin zum Deckakt bereit, der gewählte Zeitpunkt also richtig, wird sie den Rüden sehr liebevoll bedrängen und beim Aufreiten des Rüden ruhig stehen. Die Rute der Hündin geht dabei etwas hoch und dreht sich ganz zur Seite.

Nationaler und Internationaler Champion Quindy vom Riffersbach (3 Jahre alt)

Auch bei einer deckbereiten Hündin kann es unter Umständen bis zu einer Stunde dauern, bis ein richtiger Deckakt zustandekommt. Ist das Geschlechtsteil des Rüden in die Vulva der Hündin eingedrungen, treten die Schwellkörper am Penis des Rüden in Aktion. Sie verdicken sich ungefähr zu der Größe einer Kinderfaust. Durch das gleichzeitige Zusammenziehen der Scheidenmuskulatur der Hündin ist es dem Rüden nicht mehr möglich, von der Hündin abzusteigen. Es kommt also zum sogenannten Hängen. Dieses Hängen dauert durchschnittlich 10 bis 30 Minuten. Der Rüde wird nun mit den Vorderbeinen von der Hündin absteigen und das eine Hinterbein vielleicht auch mit unserer Hilfe, über den Rücken der Hündin heben. Beide stehen nun Hintern an Hintern, bis die Muskulatur der Hündin sich entkrampft. Auch die Schwellkörper am Penis des Rüden gehen zurück und beide können sich voneinander lösen. Während des Hängens findet auch das Absamen beim Rüden statt.

Deckakt kurz vor dem Abschluß (Hängen)

Die Trächtigkeit

Die Hündin trägt in der Regel 59 bis 63 Tage. In dieser Zeit wird die Hündin zusehends ruhiger und der Appetit steigt. Manchmal kennen wir unseren Hund in dieser Zeit gar nicht mehr wieder. Die vorher sehr lebendige Hündin ist in dieser Zeit oft sehr ruhig, schläft sehr viel und frißt fast das Doppelte ihrer vorherigen Ration. In den ersten Wochen ist ihr die Trächtigkeit noch nicht so sehr anzusehen. Mit Anfang der 5. bis 6. Woche kann man schon deutlich die Veränderungen auch an der Figur der Hündin feststellen. Sie wird zusehends kompakter und mit Ende der 7.Woche kann man ganz deutlich auch die Welpen im Körper der Hündin spüren, wenn man diesen abtastet.

Gallina vom Drachenfels in der sechsten Woche trächtig (1981)

Der Wurf

Die Wurfkiste, ca. 1,50 m x 1,50 m sollte zu diesem Zeitpunkt fertig an einem Platz stehen, wo sich die Hündin gerne aufhält. Als Unterlage genügen einige alte Bettücher, welche man schnell auswechselt, wenn diese naß und verschmutzt sind.

Die Anzeichen der kommenden Geburt sind auch für einen Laien kaum zu übersehen. Unruhe erfaßt die Hündin, und wenn sie in den Garten gelangt, wird sie unter Bäumen und Hecken anfangen, Löcher zu graben, um sich ein Nest herzurichten. Das Zerreißen der Tücher in der Wurfkiste ist keine Seltenheit. Das Hecheln der Hündin steigert sich und die Unruhe wird zunehmend größer und größer. Ein ziemlich sicheres Zeichen für die nahende Geburt ist das Verweigern des Futters sowie der Rückgang der Körpertemperatur auf ca. 37 Grad. Der Wurf wird in den nächsten zwölf Stunden erfolgen.

Das starke Hecheln der Hündin wird bei einer einsetzenden Wehe, solange sie preßt, aufhören und setzt wieder ein, sobald die Wehe vorbei ist. Legen Sie der Hündin eine Hand auf die Seite und Sie werden die einsetzenden Wehen sofort spüren. Ehe man sich versieht, ist der erste Welpe im Nest. Ist die Fruchthülle noch geschlossen, wird eine instinktsichere Hündin diese sofort aufreißen und auffressen und dabei auch den Welpen abnabeln. Das ca. 2-10 cm lange Stück der Nabelschnur, was am Welpen bleibt, sollte uns nicht weiter stören. Es wird nach einigen Tagen austrocknen und abfallen.

Sollte die Hündin, was teilweise bei einer Erstgeburt vorkommt, den Welpen, wenn er noch in der Fruchthülle geboren wird, nicht nehmen und die Hülle zerreißen, müssen wir ihm helfen. Wir nehmen den Welpen mit dem Kopf nach unten und reißen die Hülle am Kopf des Welpen auseinander, so daß das Fruchtwasser nach unten abfließen kann und nicht in die Atemwege des Welpen gelangt. Dadurch könnte der Welpe Wasser in die Lunge bekommen und so verenden. Ist die Fruchthülle nun aufgerissen, wird der Welpe meistens, wenn wir ihn nach unten halten und etwas mit der Hand massieren, irgendwie einen Piepser von sich geben. In dem Moment werden die Instinkte der Hündin wach und sie wird diesen, wenn wir ihr den Welpen vorlegen, sofort anfangen zu belecken und die Eihülle auffressen. Sie nabelt dann den Welpen ab und wird ihn solange mit der Zunge massieren, bis der Kreislauf des Welpen in Gang kommt und er anfängt, auch einen Schrei von sich zu geben. Der Welpe wird danach schon sehr aktiv die Zitzen der Mutter suchen und diese auch nach geraumer Zeit finden. Da brauchen wir uns keine Sorgen zu machen, das macht der Welpe ganz allein und es ist sehr selten, daß ein Welpe von sich aus nicht an die Milchquelle der Mutter gelangt.

Die nächsten Welpen kommen meistens in Abständen von ca. 30-45 Minuten. Notieren Sie die Geburtsgewichte der Welpen, da der Zuchtwart diese Gewichte später in seinem Abnahmebericht vermerken wird.

Es können durchaus längere Pausen zwischen den einzelnen Geburten auftreten. Manchmal auch bis zu 2 Stunden. Liegt die letzte Geburt länger als 4-5 Stunden zurück und die Hündin ist ruhig, kann man davon ausgehen, daß die Geburt abgeschlossen ist. Ist die Hündin allerdings nach 3 Stunden noch sehr nervös, hechelt noch sehr stark und es ist kein Welpe mehr gekommen, sollte man einen Tierarzt zu Rate ziehen.

Gehen wir davon aus, daß der Wurf beendet ist, sollten wir die nächsten 24 Stunden Mutter und Welpen im Auge behalten. Haben die Welpen alle die Milchquelle der Mutter gefunden, wird so langsam Ruhe im Nest einkehren und ein zufriedenes Piepen der Welpen bedeutet, daß alle satt und zufrieden sind. In diesen ersten Stunden sollte man vor allen Dingen auch für die nötige Wärme sorgen und eine Infrarot-Lampe über der Wurfkiste anbringen. Wenn die Temperatur im Raum nicht so hoch ist, werden sich die Welpen in dem Wärmebereich dieser Lampe übereinanderlegen.

Sollte sich Unruhe im Nest ausbreiten und ein langgezogenes erbärmliches Schreien der Welpen ertönen, ist dies ein Zeichen, daß sie keine Nahrung finden oder unterkühlt sind. Diese Welpen sollte man dann nach Möglichkeit an der Zitze anlegen. Dazu nimmt man die Zitze zwischen Daumen und Zeigefinger, drückt etwas Milch heraus und steckt sie dem Welpen in das Mäulchen. Dies ist nicht immer ganz einfach, da das kleine Tierchen das nicht kennt und somit immer wieder die Zitze losläßt. Aber mit etwas Geduld wird es nicht lange dauern, und der kleine Welpe hat sich an der Zitze festgesaugt und somit die erste Milch von der Mutter bekommen. Hat er einmal die erste Milch von der Mutter getrunken, geht es ihm zusehends besser, und er wird mobiler und stärker, und in Zukunft wird es kein Problem mehr für ihn sein, die Milchquelle, die Zitzen seiner Mutter, zu finden.

Gesunde und satte Welpen wird man im Nest kaum hören. Es wird dann nur ein Wechselspiel von trinken und schlafen sein. Die ersten 3-4 Tage im Leben der Welpen sind die wichtigsten und auch die kritischsten. Man beobachte vor allem das Verhalten der Hündin und der Welpen. Wird die Hündin unruhig, verläßt öfter das Lager, läuft nervös umher, versucht ihre Welpen wegzutragen, entsteht eine allgemeine Unruhe im Nest. Das Schreien der Welpen macht die Hündin noch nervöser, und wenn man die Hündin nicht beruhigt bekommt, wird das allgemeine Chaos im Nest ausbrechen, und man wird einen Großteil der Welpen im Laufe der nächsten 24 Stunden verlieren.

Vielen Hündinnen ist das ihnen zugewiesene Lager nicht sicher genug. Sollte also die Hündin Unruhe zeigen und anfangen, die Welpen umherzutragen, machen wir folgendes: Vor dem Wurf haben wir grundsätzlich ein zweites Lager für unsere Hündin hergerichtet. Es sollte eine große Wurfkiste mit Deckel, ca. 2 x 1,50 m groß, sein. Als Lichtquelle dient nur eine Rotlichtlampe. Das Lager ist mit einer 40 cm dicken Schicht aus Stroh gefüllt, in der die Hündin die Möglichkeit hat, ein behagliches Nest anzulegen. Wenn eine entsprechende Hütte nicht vorhanden ist, kann auch ein kleiner dunkler Raum genügen. Die Welpen werden sofort bei Unruhe der Mutter in dieses zweite Nest gebracht, wo Mutter und Welpen meist sehr schnell ruhig werden. In den meisten Fällen ist damit die Gefahr vorüber.

Es wäre sehr vorteilhaft für jeden Neuzüchter, wenn er die Möglichkeit wahrnehmen würde, bei einem erfahrenen Züchter diese ganze Phase, die Geburt und die nächsten 24 Stunden, mitzuerleben, um so den gesamten Geburtsablauf einmal mitgemacht zu haben. Das ist sehr wichtig, um später selbst Fehler zu vermeiden. Es ist mit Sicherheit auch so, daß viel weniger Welpen in den ersten Stunden sterben, somit also die Verlustrate mit Sicherheit begrenzt wird.

13 Welpen auf einen Streich sind nicht die Regel!
Der Z-Wurf vom Riffersbach (1997) im Alter von 7 Wochen

Die Aufzucht

Das Geburtsgewicht der Welpen liegen in der Regel bei kleineren Würfen zwischen 500 und 650 Gramm, bei größeren Würfen zwischen 400 und 500 Gramm. Bei ausreichender Milchleistung der Hündin erreichen gesunde Welpen in der ersten Woche meist ein Gewicht zwischen 800 und 1000 Gramm. In den nächsten Wochen liegt die Gewichtszunahme ca. um 900 Gramm bis 1,5 kg pro Woche. Bei einer guten Milchleistung der Hündin kann sie einen Wurf von 6-8 Welpen ohne unsere Hilfe die ersten 3 Wochen versorgen. Ab der dritten Woche fangen wir mit dem Zufüttern an.

Der Z-Wurf vom Riffersbach (1991) im Alter von 3 Wochen

Sehr gute Erfahrungen haben wir gemacht mit Fertignahrung für Babys. Babys erster Grießbrei ist ein ideales Aufzuchtfutter für drei Wochen alte Welpen. In den ersten Tagen wird dieser Grießbrei dünn angerührt, so daß die Welpen ihn gut auflecken können und viel Flüssigkeit mit dem Brei aufnehmen. Je mehr Flüssigkeit sie jetzt über die Nahrung zu sich nehmen, desto weniger brauchen sie die Mutter in Anspruch zu nehmen. Nach einigen Tagen wird dieser Brei mit einer fein gemahlenen Fleischration aufgewertet. Man nehme dafür nur mageres Rindfleisch, am besten Kopffleisch vom Rind oder Rindergehacktes, wenn dies dem Einzelnen nicht zu teuer ist. Ab der vierten Woche wird diese Fleischration erhöht und ab der fünften Woche nehmen wir ein fein gemahlenes Gemisch von Rinderkopffleisch, Pansen und dazu eine gute Gemüseflocke. Während dieser Zeit sollte der Welpe ständig einen Napf mit guter Aufzuchtmilch zur Verfügung haben. In dieser Zeit sind zusätzliche Calciumgaben ein unbedingtes Muß.

Da alle großwüchsigen Rassen mehr oder weniger Probleme mit Wachstumsstörungen haben können, also es heißt, sie fangen vorne rechts oder links auf einmal, meistens zwischen dem 5. und 7.-8. Monat an zu hinken, geben wir zusätzlich zum Futter einen Löffel Speisegelantine. Diese Speisegelantine fördert das Wachstum des Knorpels im Gelenk. Da unser Neufundländer ein sehr schnell wachsender Hund ist, gerade im Alter zwischen dem 4. und 8. Monat, kann es sein, daß die Bildung von Knorpel nicht so schnell nachkommt, wie es für das Schmieren des Gelenks sein müßte. Dies versuchen wir dann durch ein Fördern des Knorpelwachstums durch Gelantine auszugleichen.

Nach meinen Erfahrungen ein ideales Futter für heranwachsende Hunde ist eine Mischung aus Rinderkopffleisch, Pansen, Euter und Blättermagen. Aber Fleisch alleine ist für den Welpen schädlich und für den Junghund und erwachsenen

Hund genauso. Es ist wichtig, daß der Hund tierisches Eiweiß bekommt, aber er braucht auch das pflanzliche Eiweiß. Wenn er also ein kg Frischfutter bekommt, sollte die Hälfte dieses Futters aus einer Flockenmischung bestehen. Man nimmt da am besten eine Gemüseflocke, die überall im Handel erhältlich ist. Durch Zufütterung von Bierhefe, Leinsamen, Biotin, Algenmehl sowie Spurenelementen zur Fleischration erreichen wir, daß der Hund in allen Bereichen optimal versorgt wird.

Fütterung 7 Wochen alter Welpen

Wenn Sie sich an diese Futterregel halten und dem Welpen genug frische Luft und einen ausreichenden Auslauf verschaffen, werden Sie mit der Aufzucht ihres Welpen oder als Züchter Ihrer Welpen mit Sicherheit keine Schwierigkeiten haben.

Ist der Welpe zwischen 8 und 10 Wochen alt geworden, kommt langsam die Zeit heran, wo er aus seinem Familienverbund heraus muß und in eine neue Familie kommt.

Schwerer Abschied: Abgabe von Welpen an neue Besitzer

Der Welpe und seine neue Familie

Das Alter von 8-12 Wochen ist für die Abgabe der Welpen in eine neue Familie die beste Zeit. In diesem Alter findet sich der Welpe am besten und schnellstens in seine neue Umgebung ein. Wenn der kleine Welpe aus seinem Familienverbund herausgerissen wird und in die neue Umgebung kommt, bricht für ihn erst einmal seine bisher heile Welt zusammen. Bei der Entscheidung, Rüde oder Hündin als Hausgenosse, sollte ein verantwortungsvoller Züchter die Beratung der Welpenkäufer übernehmen.

Schwierige Auswahl: „Alle Welpen sehen für mich gleich aus." (Thomas Prost)

Da der Welpe in den meisten Familien von Frauchen betreut wird, sollte man wissen, daß so ein Rüde erwachsen bis zu 70 kg wiegen kann und mit einer Größe von bis zu 75 cm auch sehr kräftig wird - und auch gerne den „starken Max" spielt. Wenn er dann nicht ein resolutes Frauchen an der Leine hat, wird es nicht lange dauern, bis er sein Frauchen beim Spaziergang dahin führt, wohin er möchte. Bedenken Sie nur, beim Spaziergang begegnet Ihnen jemand mit einem großen und etwas aggressiven Hund. Das könnte bei einem nicht richtig erzogenen Hund zu den ersten Schwierigkeiten führen. Ein großer dominanter Rüde wird mit Sicherheit auf diesen zustürmen. Wenn Sie nicht in der Lage sind, ihn davon abzuhalten, könnte dies eine Beißerei und großen Ärger geben.

Wenn hauptsächlich Frauchen mit dem Neufundländer zu tun hat und es unbedingt ein Rüde sein soll, nehmen Sie nicht den Lebhaftesten sondern den Ruhigsten aus dem Wurf. Der Züchter sollte da beratend tätig werden und auch das Wesen der Ahnen des Hundes berücksichtigen. Wenn der Züchter zu dem Schluß kommt, daß ein lebhafter und dominanter Rüde heranwächst, sollte er der Familie eher zum Kauf einer Hündin raten, da Hündinnen viel führiger und auch haustreuer sind. Die falsche Wahl beim Welpen hat schon oft dazu geführt, daß auch unsere Neufundländer in kleine Zwinger gesperrt oder sogar eingeschläfert wurden, weil Herrchen nicht in der Lage war, dem Hund ein guter Rudelführer zu sein.

Um also viel Freude an Ihrem Neufundländer zu haben, machen Sie nicht den Fehler und kaufen einen Hund spontan oder aus Mitleid. Wenn Sie einen Hund kaufen, lassen Sie sich von dem Züchter durch Vorzeigen von Urkunden, z. B. Zwingerschutz-Urkunden, nachweisen, daß dieser Züchter Mitglied in einem Club ist, welcher ein Zuchtbuch für Neufundländer führt. Wenn dies nicht der Fall ist, ist Vorsicht geboten.

Zwei neun Wochen alte Welpen kurz vor der Abgabe an den neuen Besitzer

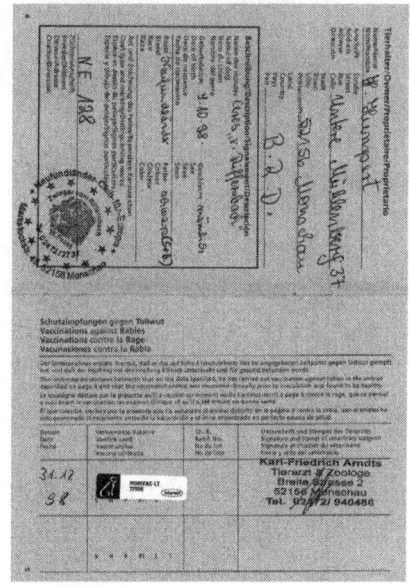

Wenn Sie also unter Beachtung der Hinweise für den Kauf eines Welpen Ihren Liebling ins Haus geholt haben, liegt es an Ihnen, aus ihm einen gesunden und liebevollen Hausgenossen und Freund zu machen.

Janine und Sabrina vom Riffersbach

Für seine Gesundheit ist es wichtig, im ersten Lebensjahr ein gutes und ausgewogenes Futter zur Verfügung zu stellen. Das Futter für Ihren jetzt ca. 10 Wochen alten Neufundländer sollte zirka 50 % Fleisch und 50 % Zerealien beinhalten. Die Ration besteht aus gutem Kopffleisch vom Rind und Pansen oder Blättermagen. 1 kg Futter soll 30 % Kopffleisch, 20 % Pansen, 10 % Herz oder Leber und 40 % Zerealien-Beimischung oder eine gute im Handel erhältliche

Gemüseflocke, die mit Wasser eingeweicht wird, enthalten. Der Flockenanteil sollte dabei naß abgewogen werden.

Wie schon im vorigen Kapitel angesprochen, ist Calcium als Beimischung für den sehr schnell wachsenden Welpen für den Knochenaufbau sehr wichtig. Eine gute Aufzuchtmilch sollte dem Welpen dauernd bis zum fünften Monat zur Verfügung stehen.

Die Futteraufnahme ist bei den Welpen oft sehr verschieden. Einer ist ein guter Futterverwerter, der andere etwas weniger. Aber das spielt im Grunde genommen nicht die wichtigste Rolle. Achten Sie darauf, daß Ihr Welpe in vernünftigem Maße an Gewicht zunimmt und nicht fett wird sondern eine kräftige und gesunde Muskulatur aufbaut und viel Bewegung an frischer Luft hat. Lange Spaziergänge und Treppensteigen allerdings sollte man bis zum sechsten Monat vermeiden, da dies für den Bewegungsapparat des Hundes nicht sehr förderlich ist.

Am besten für die Welpen ist ein Spielgefährte gleicher Größe, denn junge Hunde spielen bis zum Ermüden und schlafen dann auch wieder sehr viel. Lassen Sie den Welpen auf alle Fälle sein Pensum an Bewegung selbst bestimmen. Nur so sind Sie sicher, daß er sich nicht überanstrengt.

Das Skelett des Hundes erfüllt einerseits Stütz- und Schutzfunktion und ist andererseits ein Depot für Calcium. Die Muskulatur übt enorme Zugkräfte auf das Skelett aus; das Körpergewicht dagegen belastet das Skelett mit Druckkräften. Die Festigkeit der Knochen hängt von der Gesundheit des Knochengewebes ab. Je nach Belastung der einzelnen Knochen bildet sich Knochengewebe um einer stärkeren Belastung standzuhalten. Wird die Belastung geringer, baut sich genauso Knochengewebe ab. Der Gelenkknorpel, der sich an den Knochenenden bildet, ist in der Wachstumsphase von großer Wichtigkeit. Der Knorpel, der sich zuerst bildet, wird wieder abgebaut und es bildet sich Knochengewebe. Ein fortlaufender Umbauprozeß findet in der ganzen Zeit des Knochenwachstums statt. Fehlendes Eiweiß und Aminosäuren sind oft ein Grund für Skelett-Erkrankungen. Ist das Verhältnis von Calcium und Phosphor beim wachsenden Hund in Ordnung, können Sie davon ausgehen, daß das verabreichte Futter den Anforderungen entspricht und ein gesunder, kräftiger Hund heranwächst - es sei denn, daß genetisch bedingte Erkrankungen vorliegen. Die häufigste Ursache für eine Erkrankung des Bewegungsapparates bei großen Hunderassen - seien es Wachstumsstörungen oder Knochenerkrankungen - ist oft darauf zurückzuführen, daß dem Hund kein optimales Futter zur Verfügung steht. Knochenerkrankungen und Deformationen können aber auch durch zu viele Beigaben von Calcium und Vitaminen hervorgerufen werden. Einer der schlimmsten Skelett-Erkrankungen, der Hüftgelenk-Dysplasie (HD), wird oft durch unsachgemäße Fütterung und Haltung Vorschub geleistet. Die folgenden Röntgen-Aufnahmen zeigen das Aussehen der Hüfte bei gesunden Neufundländern und bei verschiedenen Formen der HD-Erkrankung.

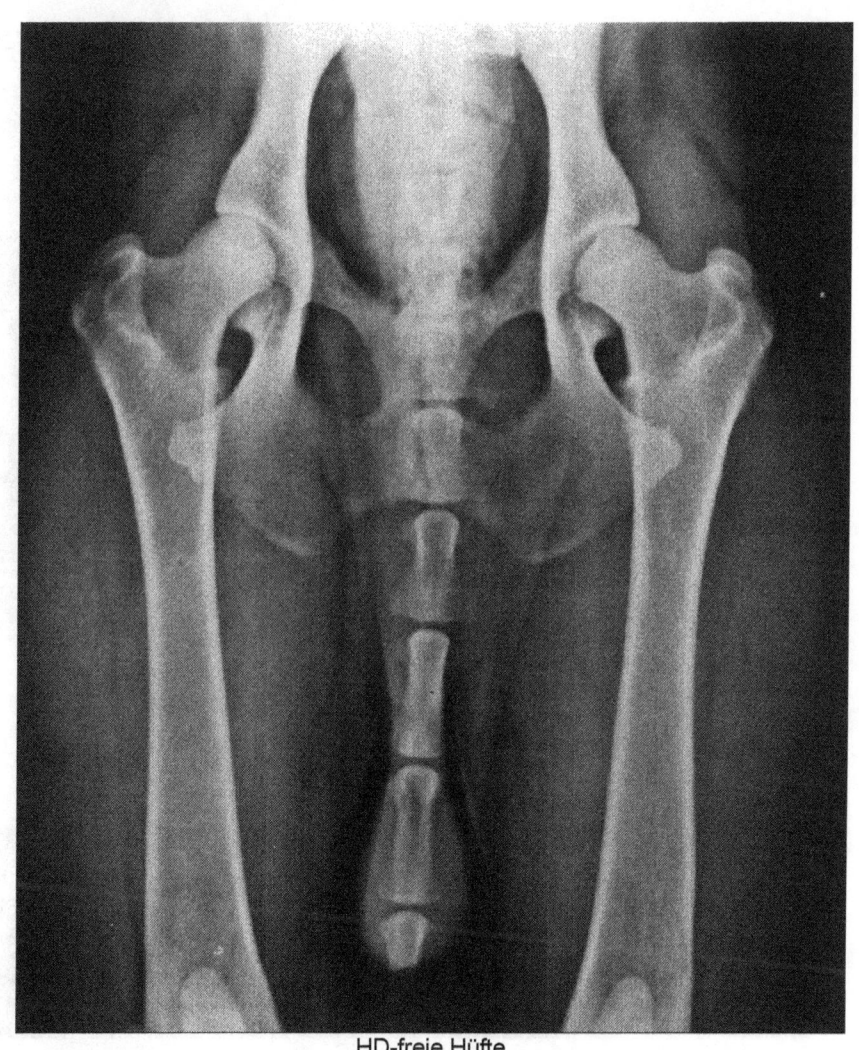
HD-freie Hüfte

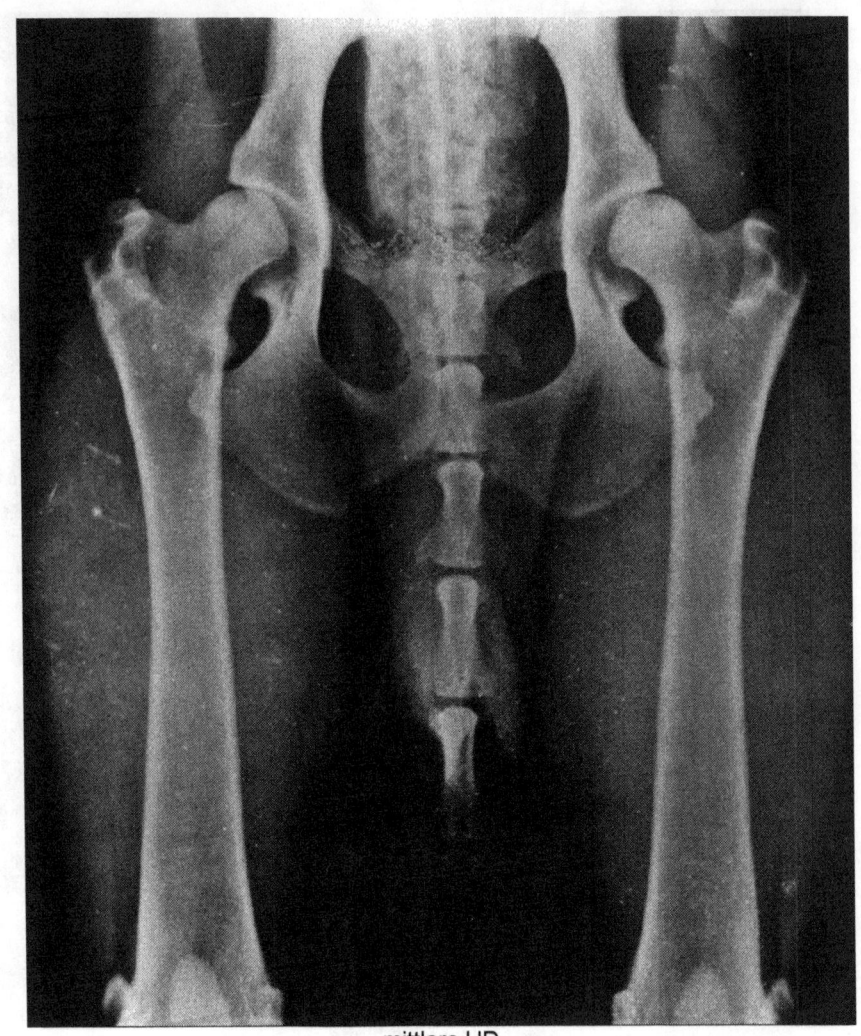
mittlere HD

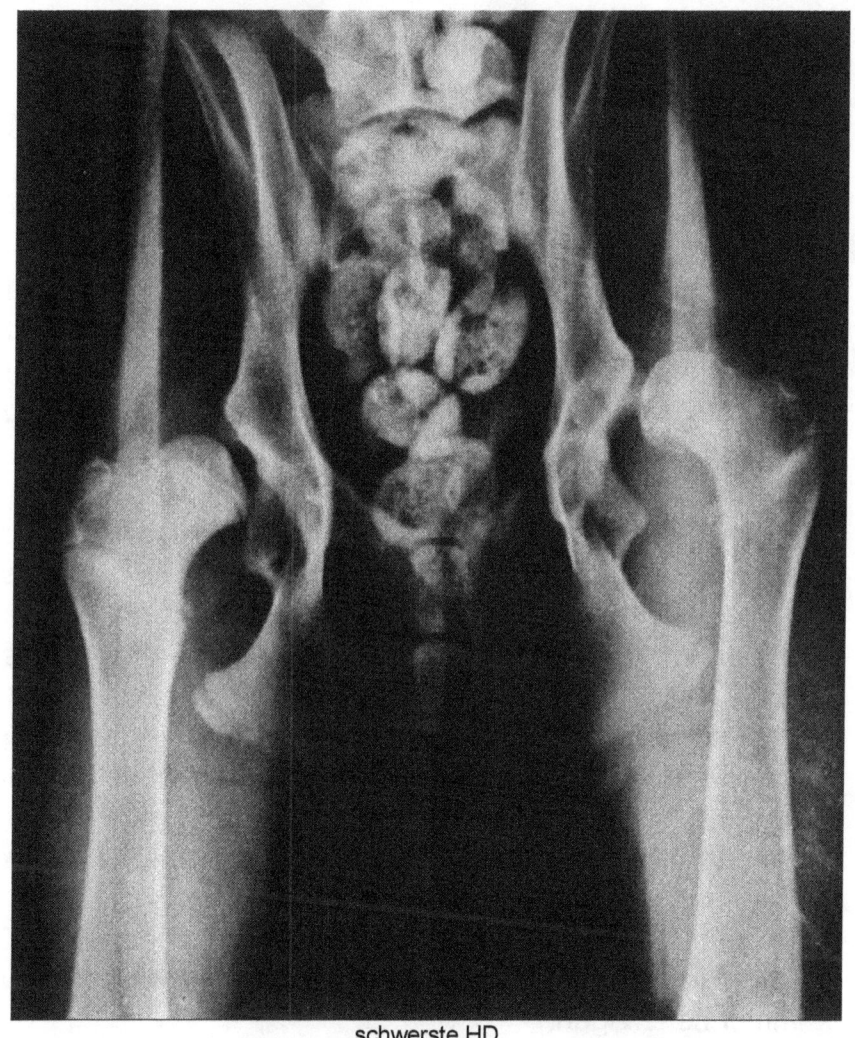

schwerste HD

Aus Gründen der Zuchtplanung und der Gesunderhaltung der Rasse sollte jeder Neufundländer-Besitzer seinen Hund im Alter von fünfzehn Monaten auf HD röntgen lassen und die Aufnahmen über seinen Neufundländer-Club auswerten lassen.

Erwachsenwerden des Hundes und Erziehung

Der Neufundländer ist zwar von Natur aus sehr lieb und gehorsam, sollte aber auf jeden Fall in die Hundeschule zum Lernen. Wir müssen ihm beibringen, wie er sich zu Hause und in der Öffentlichkeit zu benehmen hat. Jeder verantwortungsvolle Hundehalter sollte seinem Hund, vor allem solchen Riesen wie unserem Neufundländer, in jeder Beziehung als Rudelführer vorstehen, denn wenn Sie nicht in der Lage sind, Ihrem Hund ein guter Rudelführer zu sein, kann das Zusammenleben von Hund und Herrn für beide zum Alptraum werden.

Wenn das Zusammenleben zwischen Hund und Herrn nicht nur Freude bereitet, sind wir allzugerne bereit, unserem vierbeinigen Freund die Schuld zu geben. Damit machen Sie zu den vorangegangenen Fehlern den nächsten. Unser Hund kann nämlich keinesfalls denken, sondern handelt nach seinem Instinkt und gefühlsmäßig. Er hat das Bedürfnis, seinem Herrn und Rudelführer zu gefallen und alles das zu tun, was er von ihm verlangt. Das Lob, das er von uns dafür bekommen muß, ist das einzige, was unser Hund von uns verlangt. Unsere Liebe bedeutet ihm so viel, daß er auch im Ernstfall sein Leben für uns hergeben würde. Die zehn Gebote im Umgang mit unseren Hunden sollten wir immer beherzigen.

Zehn Bitten eines Hundes an den Menschen:

1. Mein Leben dauert 10 oder 12 Jahre. Jede Trennung von Dir wird für mich Leiden bedeuten. Bedenke es, ehe Du mich anschaffst!

2. Gib mir Zeit, zu verstehen, was Du von mir verlangst!

3. Pflanze Vertrauen in mich - ich lebe davon!

4. Zürne mir nie lange, und sperre mich nicht zur Strafe ein! Du hast Deine Arbeit, Dein Vergnügen, Deine Freunde - ich habe nur Dich!

5. Sprich manchmal mit mir! Wenn ich auch Deine Worte nicht ganz verstehe, so doch die Stimme, die sich an mich wendet.

6. Wisse: wie immer an mir gehandelt wird - ich vergesse es nie!

7. Ehe Du mich schlägst, bedenke, daß meine Kiefer mit Leichtigkeit die Knöchelchen Deiner Hand zu zerquetschen vermögen - daß ich aber keinen Gebrauch von ihnen mache.

8. Ehe Du mich bei der Arbeit unwillig, bockig oder faul schiltst, bedenke, daß mich vielleicht ungeeignetes Futter plagt, vielleicht war ich zu lange der Sonne ausgesetzt, oder ich habe ein verbrauchtes Herz.

9. Kümmere Dich um mich, wenn ich alt werde - auch Du wirst einmal alt sein!

10. Geh´ jeden schweren Gang mit mir! Sag nie: "Ich kann so etwas nicht sehen." oder: "Es soll in meiner Abwesenheit geschehen." Alles ist leichter für mich mit Dir!

Die Erziehung unseres Hundes fängt damit an, daß wir ihm beibringen, stubenrein zu werden. Dabei gehen wir folgendermaßen vor: Nach jeder Mahlzeit des Hundes nehmen wir ihn gleich mit ins Freie, weil er fast immer nach dem Fressen und Saufen auch das Bedürfnis hat, sich zu entleeren. Das gleiche gilt, wenn unser kleiner Liebling aus seinem Schlaf erwacht. Wir führen ihn also an eine bestimmte Stelle im Garten, wo er sein Geschäft erledigen kann. Wenn wir ihm in der ersten Woche keine Gelegenheit geben, sein Bächlein in unserer Wohnung zu machen, ihn also immer rechtzeitig nach draußen bringen, haben wir bestimmt schon unser erstes Ausbildungsziel erreicht, und unser Hund ist sauber.

Zwölf Wochen alter schwarz-weißer Welpe

Der Kleine wird sehr schnell begreifen, daß er zum Spaziergang ausgeführt wird, wenn Sie die Leine in die Hand nehmen. Verlangen sie von ihm mit dem Kommando "Sitz", daß er sich hinsetzt, damit Sie ihn in Ruhe anleinen können. Als Belohnung für ihn kommt dann der Spaziergang. Lehren Sie Ihren Hund die gleiche Übung auch unbedingt, wenn sie ihn mit in das Auto nehmen. Vor dem Verlassen des Wagens "Sitz" und Anleinen. Es ist sehr gefährlich, wenn Ihr Hund, sobald sich die Tür öffnet, aus dem Wagen springt.

Was also unser Hund mit einem Jahr unbedingt können sollte, ist „Sitz", „Platz", „Bei Fuß" gehen und vor allem sofort zum Herrn kommen, wenn er gerufen wird. Für weitergehende Ausbildung ist ein Neufundländer jederzeit fähig.

Sport mit dem Hund wird von einigen Neufundländer-Ausbildungsgruppen angeboten. Auskünfte erteilen die Landesgruppen des Neufundländer-Clubs für Europa (N.C.E.). Die entsprechenden Informationen finden Sie im Anhang.

Zwei Neufundländer-Besitzer bei der Hundeerziehung

Wenn unser Neufundländer eine gute Ausbildung in Unterordnung vorweisen kann, sollte er unbedingt einer Wasserarbeitsgruppe beitreten. Anlaufstellen für die Wasserarbeit mit Neufundländern geben die Neufundländer-Clubs gern bekannt. Die Arbeit im Wasser macht den Neufundländern riesigen Spaß. Man sollte natürlich die jungen Hunde schon sehr früh an das Wasser heranführen, mit ca. 10-14 Wochen sollten sie eigentlich das nasse Element schon kennenlernen. Sie schwimmen auch in dieser Zeit schon einwandfrei. Am besten aber ist, wenn der Herr die ersten Male mit in das Wasser geht.

Beschäftigen wir uns ein wenig näher mit der Arbeit, der Unterordnung, der Führigkeit des Neufundländers. Wir beginnen eigentlich schon im frühen Welpenalter mit der Ausbildung. Bewußt oder unbewußt. Wichtig ist diese unbedingt auch beim kleinen Hund schon, beim Welpen mit 12 und 14 Wochen.

Wichtig bei der Erziehung ist an erster Stelle Konsequenz. Wenn wir von dem kleinen, lieben, putzigen Kerlchen etwas verlangen, sollten wir es mit aller Konsequenz durchsetzen. Wir müssen bedenken, daß der kleine Hund oder der erwachsene Hund unsere Sprache nicht kennt. Er ist ein sehr scharfer Beobachter und er erkennt genau die Stimmungen, denen wir unterliegen. Der Hund ist immer darauf bedacht, uns zu gefallen. Er möchte aber auch, wie im Spiel mit seinen Artgenossen, Sieger sein. Aber Sieger kann nur der Rudelführer sein und der Rudelführer sind in diesem Falle wir. Wir müssen ihm also beibringen, daß er erst an zweiter Stelle steht. Wenn er das begreift, wird er uns ohne weiteres akzeptieren, alle unsere Handlungen respektieren und sich immer unterordnen. Dies geht aber nur, wenn wir sehr konsequent mit dem Hund umgehen. Wenn wir von dem Hund etwas verlangen, sei es ein „Sitz" oder „Platz" und er hat keine Lust und er sträubt sich, müssen wir mit aller Konsequenz durchsetzen, daß er diesen Befehl ausführt. Lassen wir ihn nämlich gewinnen, seinen Kopf durchsetzen, wird der Hund dies mit der Zeit sehr schnell merken, und er wird psychisch und körperlich immer stärker, wogegen wir immer so bleiben wie wir sind. Je öfter der Hund ein Erfolgserlebnis hat, also wir nicht die Konsequenz aufbringen, das durchzusetzen, was wir von ihm verlangen, desto weniger wird er uns akzeptieren. Er wird uns nicht als Rudelführer anerkennen, und er wird versuchen, die Leitung des Rudels zu übernehmen.

Sehen wir es also einmal aus der Sicht des Hundes. Der Hund ist ein Rudeltier. Ein Rudel braucht einen Führer, denn ein Rudel ohne Führer geht in der freien Natur unweigerlich zugrunde. Es fällt auseinander, und die Hunde schließen sich einem anderen starken Rudel an. Es ist also so: Wenn der Rudelführer, in dem Falle wir, Schwächen zeigt, wird der Hund sofort versuchen, die Stelle des Rudelführers einzunehmen, um zu verhindern, daß sein Rudel auseinanderfällt. Notfalls wird dies auch nicht ohne Blessuren abgehen. In der freien Natur wird erbittert um diesen Platz an der Spitze des Rudels gekämpft. Es kann aber auch in der Familie durchaus passieren, daß ein Hund, der keinen Rudelführer in der Familie anerkennt, selbst Rudelführer wird. Wir sind dann im Rudel an zweiter Stelle und wenn wir irgend etwas tun, von dem der Rudelführer meint, es sei falsch, kann es auch passieren, daß wir mit seinem Gebiß Bekanntschaft machen, und das wäre sehr schade. Also denken wir immer daran: Konsequenz ist das A und O der Erziehung eines jeden Hundes.

Hier eine relativ einfache Anleitung, um die Grundformen des Gehorsams beim Hund durchzusetzen: Der Hund ist 10 Wochen alt. Wir fangen an mit dem Kommando „Sitz". Der Hund reagiert nicht. Wir nehmen den Hund vorn an der Leine und drücken leicht mit Daumen und Zeigefinger auf die Kruppe des Hundes. Durch den Druck der beiden Finger wird sich der Hund automatisch hinsetzen. Wir loben den Hund, verabreichen ihm auch ein Leckerchen. Es ist sehr wichtig, daß diese Belohnung erfolgt, da Arbeit ohne Belohnung keinen Spaß macht. Diese Übungen wiederholen wir sehr oft: Wenn wir spazierengehen - immer Kommando „Sitz". Es wird sehr rasch, in der Zeit von 14 Tagen wahrscheinlich, so weit sein, daß der Hund dieses Kommando begriffen hat und sich automatisch, wenn wir die Leine vom Haken nehmen oder wenn das Kommando ertönt, hinsetzt. Wenn der Hund größer ist und wir ihn Gassi führen, soll er auch immer am Straßenrand absitzen. Die Übung wird so intensiviert, daß der Hund später von allein ohne Kommando bei unserem Stehenbleiben in Sitzstellung geht.

"PLATZ !"

Die „Platz"-Übung ist etwas anderes. Die „Platz"-Übung ist eine Unterordnung, die der Hund nicht gerne durchführt. Manchmal müssen wir schon etwas Gewalt anwenden, den Hund zum Platznehmen zu zwingen. Wenn der Hund beim Kommando „Platz" nicht in die Platzstellung geht, werfen wir ihn einfach um. Wie er liegt, ist egal, Hauptsache er liegt erst einmal. Beobachten wir den Hund, und jedesmal, wenn der Hund hochkommt, geben wir ein scharfes Kommando „Platz". Beim „Platz" sollten Sie nie ein Lob aussprechen, sondern immer nur einen gewissen Druck ausüben. Mit der Zeit entfernen wir uns einen halben Meter vom Hund, die Leine in der Hand. Wenn wir uns vom Hund wegbewegen, wird der Hund versuchen, aufzustehen. Wir müssen direkt wieder ein scharfes „Platz"-Kommando aussprechen und den Hund niederdrücken. Dies wiederholen Sie täglich einige Minuten.

Von Tag zu Tag vergrößern wir die Entfernung vom liegenden Hund. Wir bewegen uns mit der 2 m langen Leine um den Hund herum, gehen an ihm vorbei, kommen wieder zurück, steigen über ihn und beobachten ihn dabei sehr genau. Sind wir der Meinung, daß der Hund verstanden hat, daß er an seinem Platz bleiben muß, gehen wir anders vor. Wir nehmen die Leine und legen sie dem Hund über den Rücken. Dann entfernen wir uns 4-5 Meter, drehen uns zum Hund um, schauen ihn an, gehen auf den Hund zu, gehen aber wieder an ihm vorbei 5 Meter weiter und drehen uns wieder zum Hund um, bleiben einen Moment stehen und treten dann von hinten an die rechte Seite des Hundes. Wir nehmen die Leine in die Hand, dann kommt das Kommando „Sitz". Wir achten unbedingt darauf, daß der Hund nicht aufsteht, bis daß unser Kommando „Sitz"" erfolgt ist. Steht der Hund eher auf, was sehr oft der Fall ist, wenn wir zum Hund treten, bringen wir ihn wieder in Platzstellung, wiederholen das gleiche und achten am Schluß der Übung darauf, daß er wirklich noch liegt, wenn unser Kommando „Sitz" erfolgt. Diese Übung wiederholen wir 3-4 Mal pro Woche. Wir werden feststellen, daß nach ca. 3-4 Wochen der Hund so fest an seinem Platz liegt, daß wir uns ohne weiteres 20-30 Meter von ihm entfernen können, ohne daß er versucht, uns hinterherzurennen.

Die Leinenführigkeit des Hundes ist sehr wichtig. Der kleine Welpe hat das Bedürfnis, wenn wir mit ihm spazierengehen, immer von rechts nach links und von links nach rechts, möglichst immer vor die Füße seines Herrn zu rennen. Das soll er natürlich nicht. Aber wie gewöhnen wir es ihm ab? Es ist eigentlich relativ einfach. Erstens brauchen wir ein vernünftiges Halsband für den Hund, einen sogenannten "Gesundheitskettenwürger"; das ist eine grobgliedrige Kette.

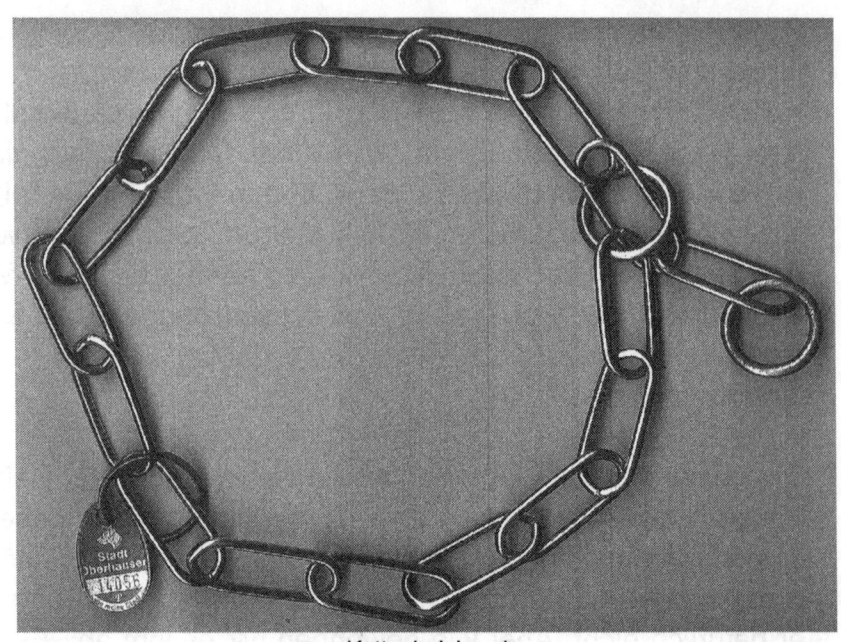
Kettenhalsband

Diese Kette wird über den Kopf des Hundes gestreift. Wir halten eine Hand zwischen Kette und Hals des Hundes, legen die Kette um und haken den Ring in die Leine. Dann nehmen wir den Karabinerhaken und haken diesen nochmals in das Halsband, so daß die Kette den Hund nicht würgen kann. Sie soll einigermaßen straff am Hals sitzen. Da alle Kommandos des Führers mit der Leine unterstützt werden, muß das Halsband straff am Hals sitzen, um jede Bewegung der Leine für den Hund spürbar zu machen. Ist das Halsband dagegen auf Zug eingestellt, dauert es immer eine gewisse Zeit, bis die Kette den Hund würgt. Sie schnürt ihm dann die Luft ab und der Sinn der Leine und des Halsbandes ist damit eigentlich nicht erreicht. Wir verlangen von unserem Hund ein vernünftiges „Bei Fuß" gehen und dabei muß die Leine locker im Bogen nach unten durchhängen.

Wird ein Hund mit straffer Leine geführt, er zieht also, hat der Führer immer Probleme. Der Hund zieht, der Führer zieht. Druck erzeugt Gegendruck. Abhilfe kann da nie geschaffen werden.

Wie machen wir es also richtig? Hund und Führer gehen in die Grundstellung, d. h., der Hund sitzt bei Fuß an der linken Seite des Führers. Danach kommt das Kommando „Fuß" und wir gehen mit dem Hund los. Sobald der Hund nach vorne zieht, die Leine also straff wird, bücken wir uns ein wenig, so daß die Leine etwas Spiel bekommt und ziehen mit einem kräftigen Ruck. Das Ziehen muß ruckartig geschehen, um den Hund zu uns zurückzubewegen. Durch diesen Ruck wird das Halsband dem Hund von vorne ruckartig gegen den Hals gedrückt. Er erschrickt etwas und bleibt automatisch zurück am Bein des Führers. In diesem Moment muß der Hund gelobt werden: „So ist's brav." oder auch ab und zu mit einem Leckerchen.

Diese Übung wird täglich wiederholt. Ob der Hund nach links weggeht oder nach vorne, immer korrigiert der Führer ruckartig mit der Leine, nie zieht er den Hund mit straffer Leine zurück. Bleibt der Hund dagegen zurück, wird der Hund mit lockenden Rufen zum Führer geholt. Diese Übung wird auch täglich wiederholt. Nach einigen Tagen wird man feststellen, daß der Hund viel besser mit locker durchhängender Leine neben dem Führer daherläuft. Es ist viel angenehmer für den Führer und auch für den Hund. Achten wir immer darauf: sobald die Leine straff wird, egal wohin, ruckartig den Hund zu uns herholen.

Junger Hund beim Spaziergang

Der junge Hund ist sehr neugierig. Er möchte überall schauen und schnüffeln, und beim Spaziergang entfernt er sich teilweise, wenn er von der Leine ist, 20-30 Meter vom Herrn.

Wie holen wir unseren Hund zurück? Er muß zuverlässig und sicher zu seinem Herrn zurückkommen auf Pfiff oder Ruf. Wenn wir mit dem Hund spazierengehen, und er hat jetzt freien Lauf, und er sieht irgendwo etwas Interessantes - für junge Hunde ist eigentlich alles interessant, was sich in einiger Entfernung bewegt, ob es jetzt Menschen, andere Hunde oder ein Wild ist - ist er immer bestrebt, dem Jagdtrieb und der Neugier folgend, sich diese Objekte anzuschauen. Das müssen wir verhindern, indem wir dem Hund beibringen, immer, wenn wir ihn rufen, zu uns zu kommen.

Jeder, der einmal einen jungen Hund an der Leine geführt hat, hat es sicher schon erlebt. Der Hund hat irgend etwas gesehen und geht oder läuft hin. Wir rufen, er schaut sich um und läuft weiter. Wir laufen hinter ihm her, er läuft schneller, er spielt mit uns, er faßt es als ein Spiel auf, wenn wir hinter ihm herrennen und rufen. Wir werden ärgerlich und böse. Wenn er dann kommt, bekommt er Schelte oder teilweise sogar Schläge, was natürlich nicht sein darf. Wir sollten grundsätzlich nie, wenn der Hund sich von uns fortbewegt, hinter ihm herlaufen. Im Gegenteil, unter Rufen werden wir uns umdrehen und uns schnell in die andere Richtung entfernen. Der Hund wird sicherlich stehenbleiben, zu uns herschauen, und wenn er sieht, daß wir uns immer weiter von ihm fortbewegen, wird er zu uns gelaufen kommen. Den Moment nutzen wir also aus. Wenn er auf gewisse Distanz zu uns ist, drehen wir uns zu ihm um und rufen „hier und brav", „hier und brav". Ist der Hund bei uns, wird er kräftig gelobt und bekommt ein Leckerchen. Dies war jetzt eine Situation, in der der Hund zurückkommt und belohnt wird. Das ist sehr wichtig; wenn der Hund nämlich einmal begriffen hat, daß er bei seinem Herrn immer freundlich empfangen wird und Leckereien bekommt, ist das für die weitere Ausbildung von enormem Vorteil.

Eine weitere Möglichkeit besteht darin, daß wir uns eine starke 8 m lange Laufleine besorgen. Diese sich selbst aufrollenden Laufleinen sind ideal, um das Herankommen unseres Hundes zu fördern. Wir leinen den Hund an diese Laufleine an und lassen ihn beim Spaziergang einfach laufen. Ist das Ende dieser Laufleine erreicht, rucken wir kurz an der Leine und rufen den Namen des Hundes mit dem

Kommando „hier". Der Hund schaut uns automatisch an und wird zu uns kommen. Die Leine rollt sich auf; wenn der Hund vor uns steht, geben wir ihm das Kommando „Sitz" und belohnen ihn kräftig. Dieses Lob soll sehr intensiv sein: „So ist er brav" und klopfen und „fein hat er das gemacht" und „brav ist er". Immer wieder - daß er sehr aufmerksam seinen Führer anschaut und sich sehr freut. Es ist sehr wichtig, daß dieses Lob sehr intensiv kommt. Zusätzlich geben wir dem Hund noch ein Leckerchen zur Belohnung.

Dieser Braunbär möchte gleich den ganzen Korb haben

Danach gehen wir einfach weiter, warten wieder, bis die Laufleine ausgerollt ist, wiederholen das Ganze immer wieder und immer wieder. Man wird feststellen, nach einigen Tagen weiß der Hund ganz genau, was unser Ruf oder Pfiff zu bedeuten hat. Er dreht sich automatisch um, und kommt zu uns her, auch ohne daß wir ihm mit der Leine eine Hilfestellung geben. Haben wir dies 8 oder 14 Tage mit der Leine geübt, lassen wir den Hund zwischendurch frei, wiederholen dieses Spiel beim freilaufenden Hund immer wieder und - beim Herankommen sehr wichtig - loben, loben und loben und durch Leckerchen belohnen. Sie werden sehen, es wird gar nicht so lange dauern, bis der Hund so intensiv auf Sie fixiert ist, daß er bei jedem Kommando zu Ihnen kommt.

Eine Trainingsgruppe bei der Erziehung ihrer Hunde

Die vier Gehorsamsübungen „bei Fuß", „Sitz", „Platz" und „Komm her" genügen eigentlich für den Familienhund, um aus ihm einen guten führigen aufmerksamen und lieben Hund werden zu lassen. Diese vier Übungen wiederholen wir immer wieder vom Junghundalter an (ab 4 Monate) bis ca. 1½ Jahre. Dann wird der Hund mit Sicherheit alle diese Übungen perfekt ausführen; aber täuschen wir uns nicht: Wenn wir dann die Ausbildung abbrechen und mit dem

Hund nicht mehr arbeiten, wird er nach einigen Monaten wieder in seine alten Unarten zurückfallen. Also zwischendurch einmal wöchentlich sollte man diese Übungen auch immer wieder mal durchführen. Es macht dem Hund Spaß, und uns sollte es auch Spaß machen, denn wenn dies nicht der Fall ist, werden wir auch den Hund nie so weit bekommen, daß er diese einfachen Übungen ausführt. Es liegt nur am Führer, ob der Hund dies lernt oder ob er es nicht lernt.

Ist der Führer nicht in der Lage, alleine diese Unterordnungsübungen durchzuführen, geht er am besten in einen Club, wo diese Arbeiten gezeigt und unter Anleitung auch ausgeführt werden. Es gibt einige Arbeitsgruppen mit reinen Neufundländern, in denen auch diese Unterordnungsübungen ausgeführt werden. Information erteilen da sicherlich die einzelnen Neufundländer-Clubs.

Diese Lernphase, die ungefähr mit dem 14. oder 15. Monat endet, bedeutet gleichzeitig, daß der Hund zum Halbstarken wird. Dieses Halbstarken-Alter, was ca. vom 13. oder 14. Monat bis zum 18. oder 20. Monat anhält, ist eine Zeit, in der der Hund schlecht hören will, seinen eigenen Kopf durchsetzt, irgendwelche Sachen macht, die er früher lange abgelegt hatte, und viele verzweifeln fast und sagen, die ganze Arbeit war umsonst, er hat alles wieder verlernt.

Nein, das ist sicherlich nicht der Fall. Diese Phase geht vorüber. Nur müssen wir dem Hund, vor allen Dingen dem Rüden, in dieser Phase zeigen, wer der Rudelführer ist. Wir müssen teilweise härter durchgreifen, damit er uns akzeptiert. Sind wir jetzt in dieser Zeit nicht in der Lage, ihm zu sagen, wer der Boß ist, kann es sehr leicht geschehen, daß er die Führung des Familienrudels übernimmt. Bei Rüden kann das auch soweit führen, daß sie ihren Herrn warnend anbrummen und auch mal die Zähne zeigen. Man sollte mit Geduld und Konsequenz darauf einwirken und vor allen Dingen keine Angst vor dem Hund zeigen, denn dieser merkt das sofort und es wird ihn stärker werden lassen. Sehr wichtig ist es in dieser Phase, den Hund ganz selbstbewußt und ohne Angst mit Strenge zu erziehen und zu behandeln.

Zwei Neufundländer beim Spiel

Der Neufundländer auf der Hundeausstellung
- Wozu Hundeausstellungen? -

Auf der Hundeausstellung können Züchter, Hundebesitzer und Interessenten, die sich einen Neufundländer kaufen möchten, Informationen über die Rasse einholen. Eine Zuchtschau spiegelt auch den Stand der Rasse wieder, denn auf der Zuchtschau werden meistens die schönsten Exemplare der Rasse gezeigt. Von ausstellenden Züchtern und Hundebesitzern kann ein Interessent für die Rasse vieles über diese erfahren. Jeder Aussteller, der auch Züchter ist, hat ein Interesse daran, Informationen an Interessenten weiterzugeben. Er wird natürlich seinen eigenen Zwinger in den Vordergrund stellen, damit der Interessent später beim Welpenkauf auf ihn zurückkommt. Unabhängige Urteile kann ein Interessent auf einer Zuchtschau aber von vielen anderen Ausstellern einholen, welche keine Züchter sind. Hundebesitzer, die ihre Hunde ausstellen, werden über ihren Hund berichten - wo er herkommt, ob er gesund ist, ob er den Anforderungen des Standards entspricht und vieles mehr. Es wird sich bei solchen Gesprächen sehr schnell herausstellen, welche Zwinger gesunde und typvolle Hunde anbieten können, und danach kann der Interessent nach der Zuchtschau mehrere für ihn interessante Zwinger zum Welpenkauf besuchen.

Die erste Zuchtschau, auf der Neufundländer ausgestellt wurden - historische Überlieferungen belegen dies[4] - war ei-

---

[4] Neufundländer-Stammbuch, Band 1, Nummer 1 bis 143, Hrsg.: Neufundländer-Club für den Kontinent, Buchdruckerei Hier. Mühlberger, Augsburg, 1898, S.27ff.

ne Ausstellung vom 4. - 7. Mai 1895 in Wien. Ausgestellt wurden neun Neufundländer. Richter auf dieser erstgenannten Zuchtschau war Mr. G. Raper-Scheffield. Es folgten weitere Ausstellungen im Mai 1895 in Dresden, Straßburg, Köln, Basel und München. Ausgestellt wurden auf diesen Schauen zwischen fünf und elf Neufundländer. Vergeben wurden auf diesen Schauen Spezialpreise à 50 Mark sowie wunderschöne Silbermedaillen mit einem Neufundländerkopf. Richter auf diesen Schauen waren u. a. Max Hartenstein aus Berlin, Dr. Herting aus Augsburg sowie Dr. Künzli aus St. Gallen. In den folgenden Jahren 1886/97/98 lagen die Meldezahlen auf den Schauen immer noch zwischen 4 und 20 Neufundländern.

Zuchtschau im Jahre 1997

Das Ausstellungswesen hat ab Anfang des 19. Jahrhunderts einen enormen Aufschwung genommen. Die Ausstellungen wurden vielfältiger und größer. Heute, im Jahre 1998, finden riesige Ausstellungen in allen Ländern Europas statt; zudem viele Spezialzuchtschauen für die einzelnen Rassen, auf denen also nur eine bestimmte Rasse gezeigt wird, so auch der Neufundländer. Für Züchter oder angehende Züchter ist es sehr wichtig, gerade diese Spezialzuchtschauen für Neufundländer zu besuchen. Sie zeigen den Stand der Zucht in den einzelnen Clubs. Es ist teilweise eine gute Gelegenheit, ins Auge gefaßte Zuchtrüden einmal persönlich kennenzulernen, wenn sie weit vom Züchter entfernt stehen. Zudem wird auf solchen Ausstellungen viel „gehundelt", und es entstehen langjährige Freundschaften durch unsere Neufundländer. Also, es ist immer für Züchter vor allen Dingen, aber auch für Hundebesitzer oder Rüdenbesitzer und Zuchtrüden-Besitzer, interessant, an solchen Schauen teilzunehmen und seinen Hund zu präsentieren. Interessenten für Neufundländer können sich auf solchen Schauen somit gutes Tiermaterial anschauen und später mal entscheiden, wo sie ihren Hund kaufen.

Aber wir haben jetzt schon unseren Welpen zu Hause, und wir möchten mit ihm einmal an einer Zuchtschau teilnehmen. Was ist zu beachten? Wann können wir mit unserem kleinen Hund zur Zuchtschau? Sobald er 4 Monate alt ist, könnte er auf einer Schau in der Baby-Klasse gezeigt werden.

Anja vom Wiedhof (5 Monate alt), im Besitz von W. u. E. Prost

Schauen wir also in der Zeitung unseres Clubs - in dem wir ja sicherlich Mitglied sind - nach, wo Hundeausstellungen stattfinden. Es gibt Spezialzuchtschauen für Neufundländer. Auf diesen Schauen sind die Neufundländer unter sich. Es werden keine anderen Rassen zugelassen. Es gibt internationale Schauen. Auf diesen Schauen sind alle Rassen vertreten. Meistens werden auf diesen Schauen Sonderschauen für Neufundländer angegliedert. Haben wir uns für eine Schau entschieden, ob nationale Spezialzuchtschau oder internationale Zuchtschau, wenden wir uns an den Ausstellungsleiter mit der Bitte um Meldepapiere für unseren Hund. Auf den Meldepapieren werden die Daten des Hundes eingetragen, dann wird diese Meldung an den Ausstellungsleiter zurückgesandt.

Der Termin der Ausstellung ist gekommen. Meistens geht es morgens um 7.30 Uhr los. Der Einlaß der Hunde findet gegen 8.30 statt, und um 9.00 Uhr beginnt dann das Richten.

Wir sind also an Ort und Stelle eingetroffen und stehen etwas unsicher mit unserem kleinen Neufundländer vor der Halle. Viele andere, die sich langsam einfinden, strömen zum Eingang. Wir sollten uns anschließen und den Impfpaß und die Ahnentafel bereithalten. Der Impfpaß wird von einem zuständigen Tierarzt kontrolliert und wir erhalten unsere Startnummer, die wir später im Ring gut sichtbar tragen müssen. Nun können wir die Halle betreten und uns vom lebhaften Treiben auf der Ausstellung faszinieren lassen.

Ist es eine internationale Ausstellung, auf der viele andere Rassen vertreten sind, muß man sich erst einmal den Ring für die Neufundländer suchen. Dieser ist meistens schnell gefunden. Angebracht ist, einen Klappstuhl mitzunehmen, weil es meistens an Sitzgelegenheiten fehlt. Machen wir es uns also am Ring bequem und schauen uns das Treiben an, denn wir wollen ja erst einmal sehen, wie die anderen, erfahrenen Aussteller sich verhalten, ehe wir mit unserem kleinen Kerl in den Ring steigen. Da wir am Eingang zur

Halle einen Katalog erhalten haben, können wir uns jetzt informieren, wie viele Hunde in den einzelnen Klassen gemeldet sind. Auch in unserer Klasse ist es interessant zu wissen, welche Konkurrenz da ist. Der Katalog beinhaltet die Namen der Hunde, die Zuchtbuchnummer, die Farbe und die Klasse, in der sie starten. Es gibt folgende Klassen: Baby-Klasse, Jüngstenklasse, Jugendklasse, offene Klasse, Zuchtklasse, Championklasse und Altersklasse. Wenn Ihr kleiner Neufundländer nun in der Baby- oder Jüngsten-Klasse gemeldet ist, warten Sie ab, bis der Ringleiter bekanntgibt, daß diese Klassen gerichtet werden. Die zugehörigen Hunde müssen dann im Ring erscheinen und stellen sich gemäß ihrer Katalog-Nummer hintereinander auf.

Die Plazierung der vier besten Hunde auf einer Ausstellung mit Überreichung der Pokale

Alle Hunde der betreffenden Klasse gehen in den Ring und werden vor dem Richter rundgeführt. Jetzt kommt es dem

Aussteller zugute, wenn er mit seinem jungen Hund schon frühzeitig in einer Gruppe mit anderen Neufundländerhunden die Leinenführigkeit geübt hat. Ansonsten ist es fremd, gerade für den jungen Hund, jetzt mit anderen fremden Hunden im Ring zu gehen und zu laufen. Manche sind ängstlich, manche sind auch störrisch, manche legen sich hin und wollen nicht weiterlaufen. Wenn sich der Hund im Ring nicht gut präsentiert und nicht gut läuft, führt dies meist zu einer schlechten Bewertung.

Gehen wir davon aus, daß alles normal verläuft und unser Hund nett und friedlich neben uns hertrabt. Sind fünf oder sechs Hunde in unserer Klasse mit im Ring, laufen wir mit den Hunden in einem Kreis am Richter vorbei. Der Hund sollte dabei außen laufen, so daß ihn der Richter immer begutachten kann. Jeder Aussteller bekommt eine Ausstellungsnummer und in dieser Reihenfolge werden die Hunde dem Richter dann auch einzeln vorgeführt.

Glückwunsch der Richterin zum errungenen ersten Platz

Er wird sich also jeden Hund einzeln genau anschauen, die Zähne kontrollieren und das Gebäude und wird seinen Bericht der Sekretärin diktieren. Anschließend werden die Hunde wieder im Laufschritt im Kreis herumgeführt. Dabei trifft der Richter die letzte Entscheidung. Er muß einen Erstplazierten unter den 5 oder 6 oder auch vielleicht 20 oder 30 Hunden einer Klasse herausfinden. Er muß einen Zweit-, Dritt- und Viertplazierten herausfinden und er achtet dabei sehr auf die Kondition und auf das Gangwerk der Hunde. Konditionsschwache und ältere Aussteller haben oft ihre Probleme. Wenn der Richter das Spiel zu lange weitertreibt, kommt man sehr schnell aus der Puste. Wenn der Richter seine Favoriten gefunden hat, ruft er diese in die Mitte des Ringes und plaziert sie entsprechend. Damit ist das Richten in der Klasse zu Ende und wir können mit unserem Hund den Ring verlassen.

So geht es weiter, bis alle Klassen durchgerichtet sind und am Ende der Ausstellung werden dann die Plazierten mit Pokalen ausgezeichnet. Jeder Hund bekommt eine Urkunde von dieser Schau und einen Richterbericht, in dem der Richter den Hund bewertet hat. Jeder Besitzer weiß somit um die Vorzüge und Fehler seines Hundes. Trotzdem sollte man dies alles nicht allzu ernst nehmen, denn Richter sind auch nur Menschen, und es ist nicht selten der Fall, daß die Aussteller sich fragen, warum steht dieser oder jener Hund an der Spitze aller Hunde, wo er eigentlich gar nicht hingehört. Es ist sehr oft der Fall, daß Richter auch Züchter sind. Wenn man sich näher mit den Daten des Hundes, der den ersten oder zweiten Platz errungen hat, beschäftigt, muß man häufig feststellen, daß dieser Hund aus der Zucht des Richters kam. Es sollte zwar sein, daß Richter objektiv sind, aber immer wieder muß man feststellen, daß Richter auch vor der Schau schon einen Katalog zur Hand haben, worin sie blättern und nachschauen, welcher Hund von wem ausgestellt wird. Laut Zuchtschau-Ordnung ist dies nicht erlaubt. Der Richter darf auf keinen Fall vor dem Richten einen Katalog in die Hand bekommen.

Dann wiederum ist der Geschmack der einzelnen Richter sehr verschieden. Es gibt zwar einen Standard für unseren Neufundländer, und jeder Richter sollte sich bei seiner Beurteilung an diesen Standard halten, aber es kommt immer wieder vor, daß die Richter bei ihrem Urteil nicht so sehr den Standard beachten, sondern mehr ihre eigene Vorstellung vom Typ des Hundes. Somit können wir erleben, daß wir in einer Woche auf zwei verschiedenen Schauen einmal mit einem „V1"- Hund aus dem Ring gehen, acht Tage später vielleicht nur mit einem „guten" Hund. Der Aussteller ist dann mit Recht sehr enttäuscht, denn ein vorzüglicher Hund sollte auch immer ein vorzüglicher Hund bleiben. Es geht nicht, daß in einer Zeitspanne von einer Woche ein vorzüglicher Hund auf einmal zu einem guten Hund degradiert wird.

Bei manchen Clubs ist es leider auch heute immer noch so, daß keine Zuchteignungsprüfung der Hunde durchgeführt wird, sondern es einfach heißt, der Hund muß auf zwei verschiedenen Ausstellungen unter zwei verschiedenen Richtern mit einem „sehr gut" bewertet werden. Diese zwei „sehr gut" wird er mit Sicherheit nach einiger Zeit auf irgendeiner Schau bekommen; und somit ist es in diesen Clubs durchaus möglich, daß ca. 90 % aller Hunde für die Zucht geeignet sind. Das kann für die Zucht natürlich nur Nachteile bringen, denn es ist in einer Population, egal welcher Tierart, nicht möglich, daß 80 % oder 90 % für die Zucht tauglich sind, denn eine gute Zucht erfordert immer nur den Einsatz der Besten dieser Rasse.

Siegerehrung bei einer Hundeschau

Beispiel für die Bewertung eines Hundes auf einer Spezialzuchtschau (Richterbericht):

„Achtzehn Monate alter, sehr kräftiger, gut ausgebildeter Rüde mit ausreichender Substanz. Knochenstärke paßt zum Gesamtkörper. Breiten- und Tiefenmaße schon recht gut entwickelt. Bei den Läufen könnten die Fesselgelenke etwas straffer sein, was sich besonders in der Bewegung hinten bemerkbar macht. Der Kopf ist etwas schwer. Die tiefbraunen Augen sind etwas offen im Lid. Beißt noch knapp Schere. Gut gepflegtes Haarkleid mit leichtem braunen Anflug. Die Lefzen etwas offen. Insgesamt ein recht brauchbarer Rüde."

Eine Hundegruppe aus dem Nachwuchs von Gallina vom Riffersbach

Hervorragende Vertreter ihrer Rasse aus dem Zwinger „vom Riffersbach"

Graf vom Riffersbach und Hercules vom Riffersbach (4 Jahre)
beide Träger vieler nationaler und internationaler Titel
am Neuschateller See, Schweiz

Hercules vom Riffersbach mit Tochter Elli

Champion Graf vom Riffersbach im Alter von vier Jahren (1992) Vater von Wocan vom Riffersbach (unten abgebildet)

Dreijähriger Rüde: Wocan vom Riffersbach, Sohn von Graf vom Riffersbach, Internationaler Champion, Weltsieger 1998, Clubsieger 1999

Ondra vom Riffersbach (zwölf Monate), >Mutter von Wocan vom Riffersbach

Urban vom Riffersbach

Der alternde Hund

Es hängt sehr viel von unserer Pflege, Fütterung und der Behandlung unseres Hundes ab, ob er im Alter noch eine gute Kondition hat und vielleicht auch mit 11 oder 12 Jahren noch gesund ist und seine täglichen Spaziergänge mit Herrchen machen kann. Das Wichtigste ist wohl die Pflege und Fütterung des alternden Hundes. Unser Neufundländer wird mit zunehmendem Alter auch etwas träger. Man sollte darauf achten, daß er in dieser Phase, in der er sich viel Ruhe gönnt, entsprechend mit Futter versorgt wird. Der Zerealien-Anteil Flocken im Futter sollte beim alternden Hund erhöht werden. Der Fleischanteil dagegen weniger werden. Der Hund sollte immer so gefüttert werden, daß er in guter Kondition bleibt. Man kann dies sehr gut feststellen, indem man dem Hund mit beiden Händen über die Rippen fährt - leicht hin und her über die Seiten des Hundes - ohne fest zuzudrücken. Sind die Rippen des Brustkorbes auch bei nur leichtem Druck spürbar, ist der Hund in einer guten Kondition. Die Futtermenge sollte immer so bemessen sein, daß der Hund in dieser Kondition bleibt. Prüfen wir von Zeit zu Zeit, ob die Rippen noch spürbar sind, und stellen wir fest, daß die Fettpolster mehr geworden sind, müssen wir entsprechend das Futter reduzieren. Wenn wir diese Regeln beachten, werden wir sicher einen konditionell guten Hund, der auch im Alter noch beweglich bleibt, haben. Spaziergänge sind wichtig für eine gute Kondition unseres Hundes. Auch dem älteren Hund sollten wir täglich einen Spaziergang von 1-2 Stunden gönnen. Hat er allerdings Artgenossen um sich und ein genügend großes Gelände zur Verfügung, dann werden sich die Hunde ihre Bewegung schon selbst verschaffen.

Fellpflege ist 2-3 Mal die Woche angesagt. Für den Erhalt eines schönen glänzenden Felles auch im Alter ist es wichtig, daß der Hund 2-3 Mal die Woche gut durchgekämmt wird. Zur Förderung eines schönen glänzenden Felles gibt man dem Hund täglich einen Teelöffel reines Biotin. Ist es dem älteren Hund nicht mehr möglich, täglich 1-2 Stunden zu laufen, sollte man ihm mehr Pflege angedeihen lassen, da er durch das viele Liegen im Fell verfilzen kann. Zudem ist dann noch stärkere Kontrolle des Gewichts angesagt. Übergewichtige Hunde - und die meisten Hunde in Deutschland sind übergewichtig - neigen auch zu allerhand Krankheiten. Also achten wir darauf, daß unser Hund immer in guter Kondition ist. Sollte sich unser Neufundländer doch hin und wieder mal unpäßlich fühlen, brauchen wir nicht gleich in Panik zu geraten. Des öfteren kommt es vor, daß der Kot unseres Neufundländers nicht von fester Beschaffenheit ist, sondern breiig oder sogar dünnflüssig. Dies kommt häufig durch Futterumstellungen, zu kaltem Futter oder auch durch Viren, die derartige Durchfälle verursachen. Beobachten wir bei unserem Neufundländer solche Symptome, sollten wir immer zuerst die Temperatur unseres Hundes kontrollieren. Ist die Temperatur normal, brauchen wir uns weiterhin keine großen Sorgen zu machen. Legen wir einen Fastentag ein, höchstens ein wenig Zwieback, werden wir sehen, daß der Hund in ein bis zwei Tagen wieder normalen Kot hat und somit auch gesund ist.

Sollte ein wäßriger Durchfall länger als 3-4 Tage anhalten und evtl. Temperaturerhöhungen, d. h. 39 Grad oder darüber, festzustellen sein, suche man am besten einen Tierarzt auf. Notwendige Schutzimpfungen gegen Staupe, Hepatitis, Leptospirose, Tollwut, Parvovirose und Zwingerhusten sollten regelmäßig durchgeführt werden.

Vereine und Verbände

Der erste Club für Neufundländer gründete sich am 10. Juni 1893 in München. Auf der Gründungsversammlung traten 25 Mitglieder dem Neufundländer-Club für den Kontinent bei. Die Mitgliederzahl stieg bis zum Jahre 1898 auf 69 und zwei Gönner. Der Neufundländer-Club für den Kontinent wandelte sich nach den Kriegsjahren in den Deutschen Neufundländer-Club (D.N.K.). Zum jetzigen Zeitpunkt, 1996, gibt es in der BRD fünf Clubs für die Rasse Neufundländer. Alle Clubs führen ein Zuchtbuch der Rasse. Leider geht es in den verschiedenen Clubs und Verbänden immer noch zu viel um das Geld und zu wenig um die Hunde. Einzelne Clubs führen mit Billigung ihrer Dachverbände einen regelrechten Bruderkrieg, obschon sie in ihrer Satzung verankert haben, alles zu tun, um die Rasse zu verbessern und gesund zu erhalten. Da wurden Gruppen, die wirkliche Aufklärung betreiben, („Wie und wo kauft man einen Rassehund") abgemahnt, die Aktivitäten einzustellen oder den Club zu verlassen. Die Ausbildung von Neuzüchtern und Zuchtwarten läßt sehr zu wünschen übrig. Gelder, die zur Weiterbildung von Züchtern und Zuchtwarten von den Züchtern gezahlt werden, liegen jahrelang auf Konten, ohne daß sie ihrem Bestimmungszweck zugeführt werden. Unerfahrene Neuzüchter werden mit ihren trächtigen Hündinnen alleingelassen und später bei der Aufzucht entweder gar nicht oder von Zuchtwarten, die keinerlei Ausbildung vorweisen können, betreut, was in vielen Fällen zur unsachgemäßen Aufzucht und zum vermehrten Welpensterben führt.

Züchter und Liebhaber, welche mit dem mangelhaften Einsatz der Clubs zur Gesunderhaltung der Rasse nicht zufrieden sind und den Club verlassen, werden sofort samt ihren Hunden zu Dissidenten erklärt und wie Aussätzige behandelt. Da wurden vor dem Austritt des Mitgliedes Zuchtverpaarungen mit einwandfreiem Nachwuchs durchgeführt und von den Züchtern eine Wiederholung des Wurfes geplant. Nein, nach dem Austritt des Mitgliedes wird auch sein Hund degradiert und ist nicht mehr würdig, eine Hündin von Clubmitgliedern zu belegen. Den Mitgliedern, die solche Verbote nicht einhalten, wird mit Kündigung und Ausschluß aus dem Club gedroht. Da fragt man sich, ist dies Clubarbeit im Sinne des Neufundländers, ist dies zum Wohle der Rasse?

Unserem Neufundländer ist es sicherlich gleich, ob sein Herr in dem einen oder dem anderen Club Mitglied ist. Ich bin mit vielen anderen der Meinung, daß solchen Vereinen der Statuts der Gemeinnützigkeit aberkannt werden müßte. Doch es besteht Hoffnung für die kommenden Generationen. Einsichtige haben sich zusammengeschlossen und einen Verband für Neufundländer in Europa gegründet, die „Association of Newfoundland Cynology of Europe" (**A.N.C.E.** - Europäischer Verband für Neufundländer-Zucht und -Wasserarbeit) mit Sitz in Eschweiler bei Aachen.

Dieser Verband bietet jedem Neufundländer-Club gleiche Privilegien im Zucht- und Sportbereich. Er ist der einzige europaweit tätige Verband, der ausschließlich die Rasse der Neufundländer betreut. Da die A.N.C.E. bestrebt ist, alle rassereinen Neufundländer gleichzustellen, hat sich der Verband entschlossen, in Europa auch andere Wege in der Zucht zu gehen. Die A.N.C.E. erkennt den Neufundländer-

Standard der F.C.I., welche alle Hunderassen betreut, nicht an. Alle Mitgliedsvereine der A.N.C.E. sind angehalten, ihre Zucht an dem gültigen Standard des **Newfoundland Club of America** auszurichten. Somit ist ein erster Schritt zur besseren Verständigung aller Neufundländer-Züchter in Europa getan. Hoffen wir weiter auf die Einsicht aller Liebhaber und Züchter unseres Neufundländers. Hoffen wir auch, daß uns die Zukunft eine Europäische Gemeinschaft in der Hundezucht beschert.

Leitsatz: Einen Neufundländer zu besitzen, ist etwas Besonderes. Lassen Sie ihn Hund sein. Er wird Ihnen der beste Freund sein, den Sie bekommen können.

ein unzertrennliches Trio

Meinung des Verfassers zu Unseriosität bei Züchtern und Hundehandel

Neufundländer- Züchter, die sich der Organisation der zuchtbuchführenden Clubs entziehen, tun dies meist, um die strengen Zuchtbestimmungen nicht erfüllen zu müssen, denn es ist kaum möglich, nach den strengen Bestimmungen der zuchtbuchführenden Clubs zu züchten und dennoch mit einer Hundezucht Geld zu verdienen. Diese Leute aber außerhalb der Clubs wollen Geld verdienen. Deshalb treten Sie in Clubs ein, die es mit den Zuchtordnungen nicht immer so genau nehmen.

Da werden die Hunde teilweise alle 6 Monate, also bei jeder Hitze, zum Rüden geführt. Eine solche Hündin, die unter Umständen in 3 Jahren 5-6 Würfe à 6-10 Welpen großgezogen hat, ist gesundheitlich, seelisch und moralisch am Ende. Welpen aus diesen Zuchten sind sehr oft gesundheitlich nicht in Ordnung, psychisch krank, haben zu wenig Kontakt zum Menschen und werden zu Problemhunden ersten Ranges. Also, am besten Finger weg von diesen Zuchten.

Schauen Sie sich die Zuchten genau an, verlangen Sie von den Züchtern, die gesamten Tiere in der Zucht sehen zu dürfen. Verweigert der Züchter Ihnen diese Bitte, kehren Sie ihm schnellstens den Rücken ! Auch die fadenscheinigen Argumente solcher Leute, Sie dürften die Anlage nicht betreten, weil Sie Krankheiten oder Viren einschleppen könnten, können Sie nicht akzeptieren. Dies sind nur Argumente, um Sie aus der Anlage fernzuhalten. Diese Leute haben mit

Sicherheit etwas zu verbergen. Eine gute, gepflegte, saubere Zucht ist der Spiegel für die Gesundheit des Welpen, den Sie kaufen. Denken Sie immer daran, wenn Sie in einer Zucht sind, schauen Sie sich gründlich um. Sauberkeit und gute Pflege der Hunde kostet also kein Geld, nur Arbeit. Wer diese Arbeit nicht in seine Hunde investiert, von dem sollten Sie keinen Welpen kaufen.

Die Wahrscheinlichkeit, einen gesunden Welpen zu bekommen, läßt sich durch erhöhte Erwartungen an den Züchter enorm steigern. Da aber auch der beste Verband für die Seriosität seiner Mitglieder keine Garantie übernehmen kann, sollten Sie einige Regeln für den Kauf beachten.

Kriterien beim Hundekauf, die unseriösen Züchtern und Hundehändlern keine Chance lassen:

1. Der Züchter züchtet und verkauft nur eine einzige Hunderasse
2. Sie erhalten Zugang zur Zuchtstätte des Züchters und zu allen dort lebenden Hunden
3. Die Zuchtstätte ist sauber und geruchsfrei, die Hunde sind sauber und geplegt
   ⇨ KEINE ZWINGERHALTUNG
4. Mutter und Welpen sind beim Verkauf noch zusammen
5. Sie erhalten Einsicht in den Wurfabnahmebericht der zuständigen Zuchtbuchstelle
6. Sie bekommen ein veterinärmedizinisches Gesundheitszeugnis für den Hund mit der Bestätigung, daß weder

Erbkrankheiten noch akute Gesundheitsschäden vorliegen
7. Sie bekommen einen Impfpaß für den Hund mit dem Nachweis bereits erfolgter Impfungen
8. Die Welpen sind beim Verkauf nicht jünger als acht Wochen
9. Sie erhalten Einsicht in die Ahnentafeln beider Eltern mit dem Eintrag der Zuchtzulassung
10. Sie bekommen die Adresse der Zuchtleitung seines Clubs. Vor dem Kauf wäre eine Anfrage dort sinnvoll.

Wenn die Zucht alle Punkte erfüllt, haben Sie einen wirklich seriösen Züchter gefunden !

Der Neufundländer-Club für Europa hat es sich zur Aufgabe gemacht, den Welpenkäufern Entscheidungshilfen an die Hand zu geben, die es ihnen ermöglichen, gute Hundezüchter zu erkennen. Ein Züchter, der nicht wirklich alle vorhergehenden Punkte erfüllt, kann nicht in die Kategorie der guten Züchter aufgenommen werden.

Wer einen Welpen gekauft hat, ohne die vom Neufundländer-Club für Europa erarbeiteten Entscheidungshilfen berücksichtigt zu haben, muß in hohem Maße damit rechnen, einen Neufundländer zu haben, der seinem Typ nicht gerecht wird, sehr oft das gutmütige Wesen verloren hat und durch immer wieder notwendig werdende Besuche beim Tierarzt die Haushaltskasse enorm belastet.

Die vielen armen Hunde, die in überfüllten Tierheimen leben müssen, bieten leider den lebendigen Beweis dafür, daß viele Besitzer die enormen Tierarzt-Kosten nicht mehr tragen konnten oder mit den verhaltensgestörten Hunden nicht mehr in der Lage waren, in einer intakten Gemeinschaft zu leben.

Durch Besuche in vielen Neufundländer-Zuchten ist die Zuchtleitung des Neufundländer-Clubs für Europa in der Lage, die wirklich guten Züchter - und dazu gehören nur diese, die wirklich alle vorhergehenden Kriterien erfüllen – zu klassifizieren und eine Positivliste aller guten Züchter herausgeben zu können, die bei der Zuchtleitung des Neufundländer-Clubs für Europa angefordert werden kann.

Neufundländer-Club für Europa e.V.
(NCE e.V.)
Mitglied im ANCE – EUV e.V.

Vorsitzender:

Franz Krieger
Martin-Luther-Kingstraat 44
NL-6471 XK Eygelshoven
Tel: +31 (45) 5352729 **Fax:** +31 (45) 5350882
vorsitzender@neufundlaender-nce.de

Stellvertreterin:

Ilse Runge
Osterholzer Straße 38
D-42781 Haan
Tel: +49 (2104) 62441 **Fax:** +49 (2051) 254163
stellvertreter@neufundlaender-nce.de

Hauptzuchtwart:

Walter Prost
Markstockstraße 48
D-52156 Monschau-Rohren
Tel: +49 (2472) 2737 **Fax:** +49 (2472) 909461
hauptzuchtwart@neufundlaender-nce.de

**Weitere
E-Mail Adressen:**

pressewart@neufundlaender-nce.de

schatzmeister@neufundlaender-nce.de

zuchtbuchstelle@neufundlaender-nce.de

Homepage:

www.neufundlaender-nce.de

www.n-c-e.de

www.ingramcontent.com/pod-product-compliance
Lightning Source LLC
Chambersburg PA
CBHW050839160426
43192CB00011B/2091